吉林财经大学资助出版图书

2021年吉林省科技发展计划项目

项目编号：20210601064FG

项目批准单位：吉林省科学技术厅

张奥——著

高管警觉性与企业财务绩效

TMT
ALERTNESS AND
FINANCIAL PERFORMANCE

社会科学文献出版社
SOCIAL SCIENCES ACADEMIC PRESS (CHINA)

前　言

　　企业价值的提升是企业一切经营活动的出发点和最终归宿，对其发展起着至关重要的作用。财务绩效的改善是提升企业价值的重要策略之一，因此探究绩效的改善路径不仅具有重要的学术价值，还具有重要的社会应用价值。在现实情况下，我国企业面临着瞬息万变的动态竞争环境，高管人员以动态竞争思想应对复杂多变的市场环境是我国企业在日趋激烈的竞争中生存与发展的必然选择，企业高管人员必须积极地学习在动态竞争环境中生存的方式、掌握行之有效的变革策略并积极学习国外先进的竞争理论。无论是率先发起竞争行动的目标企业，还是采取回应策略的竞争企业，为了获得或维持自身在市场中的竞争优势，高管人员都应对内部资源与外部机会保持高度的警觉性并加以有效利用，以实施最佳竞争策略扰乱竞争对手的行动，从而应对错综复杂的竞争态势。

　　一个成功的领导者，应当通过自身敏锐的洞察力来预见变革所能为企业带来的竞争优势，并果断地做出有效、适当的战略决策。对竞争态势的合理判断有助于企业内部高管团队对竞争者进行有效的分析，通过感知企业间的竞争张力，做出适宜的战略适应性行为，以应对复杂多变的外部环境。一支管理有效的高管团队会积极地寻求有利于企业发展的外部市场机会，并充分认知内部资源，而优秀的高管人员也会通过其独特的领袖魅力激励下属改善工作绩效，提升企业整体的生产力水平，保证自身的先动优势，提高市场生存率，从而达到理想的绩效水平。但是在竞争张力影响下高管警觉性和组织变革策略对企业财务绩效是否会产生影响，以及会产生怎样的影响，目前学者们的研究还极其有限。为了解决上述问题，笔者在回顾相关研究文献的基础上构建了相关理论模型，详细论述了变量间的关系，并提出了 18 条研究假设。最后通过对东北三省高科技企业和传统企业的实地调研，收集了 208 份有效问卷，利用相关的统计学软件进行实证分析，对模型和假设进行了检验。

产业竞争环境的特征会对企业竞争行动中的觉察、动机、能力产生影响，而觉察因子的存在又促使了企业知觉竞争张力的形成。本书围绕竞争张力进行研究，思考在竞争张力的调节作用下，高管警觉性通过组织变革策略对财务绩效所产生的非直接影响，同时试图从变革规模和变革领导风格两个维度探索提升企业财务绩效的途径。本书得出的结论丰富了现有高管警觉性相关理论，也解决了一些现实问题。第一，本书把高管警觉性作为一个独立的构念进行研究，这不同于以往把机会警觉性作为创业警觉性的一个子维度来考察的研究思路。研究结论显示资源警觉性和机会警觉性均与企业财务绩效正相关，相较于以往创业警觉性和财务绩效之间关系的研究，该结论虽然未打破相关讨论结论不一致的局面，但是提供了一种新的研究思路，也提供了关于高管警觉性与财务绩效之间关系的一个更加具体的答案。第二，动态竞争理论是为克服企业资源的惰性而提出的，动态竞争力是企业运用和重构组织资源以应对环境变化的能力。其中，"动态"是指企业为适应不断变化的外部市场环境，必须具备不断更新自身能力的能力。本书有效地整合了战略选择理论与动态竞争理论，系统地探究了竞争张力在组织变革策略与财务绩效之间的调节效应，从而为东北三省企业在面临竞争而采取对抗性行动的决策过程中提供战略层面的指导，拓展与完善了组织变革的相关理论框架。研究发现，竞争张力会对变革规模、变革领导风格与企业财务绩效之间的正面关系起到进一步的促进作用。第三，企业在不断变化的市场环境下想要求生存谋发展，必须实现组织结构的完善和组织功能的优化。然而，每个企业都处在多层次、多因素、复杂多变的背景下，企业不是孤立存在的封闭性组织，相反，它与周围环境密不可分，是一个开放性的系统，企业的运行就是与多重环境发生动态的相互影响的过程。因此，企业想要维持和发展，必须不断调整与完善自身的结构和功能。研究发现，变革领导风格在高管警觉性与财务绩效之间存在着中介作用，而变革规模仅在资源警觉性与财务绩效之间存在着中介作用。从本书关于高管警觉性、组织变革策略、财务绩效和竞争张力的相关结论可以看出，企业在不同程度竞争张力的影响下进行战略调整对于改善企业生存状态具有重要的意义，企业财务绩效的提升不仅依赖于组织本身的战略决策，同样也依赖于对外部机会的识别和对内部资源的利用。本书具有以下两方面的现实意义：一方面，对于企业高管而言，除了要提升机会与资源警觉性之外，还要加强对企业间竞争态势的理解，认识竞争张力的价值，准确地对竞争对手进行分析，对其采取的行动做出合理、积极的回应，从而使企业形成长期的竞争优势；另一方面，本书有助于企业根据市场形势及时调整组织变革策略，对竞争张力和组织变革策略的深入研究有利于指导我国企业合理地确立竞争优势并获得竞争优势的持久性，提升企业战略管理的效率，从而增强企业的市场竞争力，提升企业的财务绩效，实现企业健康和良性发展。本书的最终目的是提升企业的效能、生存率和绩效水平。

本书通过探究高管警觉性对组织变革策略的影响，进一步提升对高管警觉性与战略变革关系的理解，增加动态竞争理论在机会、资源层面的实证经验，强化理论基础。此外，本书通过探究竞争张力作为调节变量对企业财务绩效的影响，弥补了以往仅将竞争张力作为控制变量的缺憾，增加了竞争张力的调节效应研究，扩大了理论适应范围。同时，本书进一步明确了高管警觉性影响组织变革策略的边界条件，深入剖析了高管警觉性对组织变革策略的影响，分析了两种组织变革策略在高管警觉性与企业财务绩效之间的中介效应，弥补了现有关于高管警觉性与组织变革策略研究的不足，具有一定的创新性。

目　录

|第一章|

绪论

第一节　高管警觉性与企业财务绩效息息相关

美国管理学大师汤姆·彼得斯（Tom Peters）在 *Liberation Management* 一书中将我们所处的时代称为纳秒（10^{-9}秒）时代，纳秒时代技术变革的速度呈现指数级增长，随着云技术、大数据技术、3D 打印技术等的到来，全球竞争日益激烈，这就使得企业所处的战略环境更加动态复杂。面对环境变化所带来的威胁与压力，企业需要克服组织惯性，实施组织变革以适应环境（Barr et al.，1992；姚梅芳等，2016）。可见，适宜的组织变革策略是决定企业成败的核心因素，在中国转型经济条件下实施有利于企业发展的组织变革策略，能够确保企业实现持续稳定的良性发展，而具有更高变革倾向的组织更能够改变生产效率降低、成本费用增加等低绩效表现（Milliken and Lant，1991）。Harvey 和 Brown（1996）探寻了组织变革对企业发展至关重要的作用，在企业资源不断变动整合、内外部环境日益显著变化的背景下，企业要维持较高的财务绩效，就应将感知到的内部资源、外部机会与一定的战略相匹配，在自身发展现状的基础上实施必要的组织变革。成功的组织变革会在改进企业财务绩效的同时，促进企业价值的提升。

一　实践背景

从中国加入世贸组织以来，中国企业已经加入全球竞争的洪流中。伴随着经济全球化的深化，企业间的竞争开始逐渐加剧，同时日益呈现复杂多变的趋势。如何在激烈且充满不确定性的环境中保持竞争优势成为战略管理领域的热门话题，尤其是金融危机发生后，全球范围内的经济形势虽有所好转，但仍呈现乏力之势，我国的经济增速趋缓，不少企业举步维艰。企业对卓越绩效的不懈追求成为其在激烈的竞争环境中得以生存的关键因素，在这种背景下，提升财务绩效作为提高企业竞争力与生存能力的重要途径之一，具有极高的社会应用价值，同时也是摆在所有企业经营者和研究人员面前的重要课题。

1. 提升高管警觉性是有效实施组织变革的必然要求

改革开放以来，许多企业在崭新的制度环境和市场机制下蓬勃发展。近年来，企业之间的竞争非常激烈，所处的市场环境也与过去大相径庭，企业所处的行业与环境日趋复杂、动态且不确定性极高。为了保持企业自身的可持续发展，高管人员作为企业的决策者必须对微量的经济变动可能带来的累积性的大的影响保持警觉，必须基于环境的变迁以及市场中的最新动向识别资源的缺口与未满足的需求，做出与企业发展相匹配的战略决策，不断调整战略、实施变革，提升企业的核心竞争力，只有这样才能形成持续的动态竞争优势。一个优秀的企业想要在日趋残酷的竞争环境中求生存、保发展，就要不断调整资源、机会与企业战略的适配性，实施组织变革，采取果断的手段来促进企业转型。过去的许多企业高管，都是依据其对市场的认知或者潜意识来实现组织的战略目标，而拥有高度资源警觉性与机会警觉性的高管则会积极审视已发现的资源和机会与企业战略的匹配性。在感知到资源与机会并做出决策后，企业高管将凭借其能力与知识架构，评估出正确的方向，做出适合组织的规模调整和领导风格变更。

2. 感知竞争环境是企业内部发展的本质要求

波特于 1980 年提出产业竞争模型（见图 1 - 1），指出产业内的竞争是无法避免的，因为其产生于竞争双方共同的基础经济结构，也深深影响彼此的利润分配。以波特为首的竞争定位学派认为：企业在产业中的竞争能力是企业经营成败的关键所在，故应针对产业竞争的动态因素把企业放在能进能退的位置，这样才能成功防御企业内的竞争行为，形成竞争优势。当面临机遇时，企业必须从战略上做出调整，利用相关产业支撑实现发展。

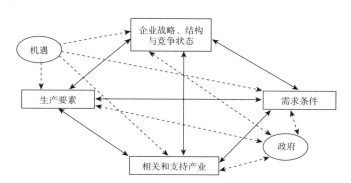

图 1 - 1　产业竞争模型（国家钻石模型）

然而，Daveni 和 Gunther（1994）所提出的超竞争优势理论认为，企业间的竞争互动能够打破持久性的竞争优势，从而改变竞争的本质。由于竞争环境快速变化，企业的核心竞争力将发生改变，若企业无法随时适应变化，过去的成功反而会限制或阻碍企业获取新的竞争优势。今日的竞争优势可能会成为明日的劣势，永恒的竞争优势已经不复存在，而企业为了获取暂时性的竞争优势，通常需要根据竞争对手的特点确立一系列短暂的竞争性行动。Chen（1996）指出企业是否采取特定的竞争性行动，关键在于企业高管和作为顾问和财务分析家的行业利益相关者是否觉察到竞争张力的存在。竞争张力是由企业持续地向竞争对手施压，从而形成的可以引发公开竞争行动与对抗行动的潜在压力，这种累积性压力的存在使敌对的双方由静态关系转变为动态的交战关系，即可能引发企业采取行动对抗竞争者，从而形成一种竞争者之间的紧张局势。

在这种背景下，通过感知企业间的竞争张力来实施组织变革策略，从而适应激烈的市场竞争和动态的环境，才能在提升企业竞争优势的同时保持其持续有效，这对企业的发展至关重要。

3. 组织变革是企业在市场生存的根本要求

伴随着信息技术在全球范围内的广泛应用，全球化成为不可逆转的趋势，在这种情况下，传统的企业组织发展模式已然落后于时代发展的需要，组织变革已经成为企业谋生存求发展的根本出路与主要途径。以丰田公司为例，丰田公司的市场份额在1996年首次下降到40%以下，在这之前的15年丰田公司一直占据着日本汽车行业的大部分市场份额。丰田公司失败的原因主要在于其高层管理团队面对企业外部经营环境的变化和消费者偏好的转变（由小轿车逐渐向旅行车、运动型汽车转变）时，没有及时实施必要的组织变革策略，仍然按照旧的生产思路和领导风格进行规模化生产。因此，当丰田公司面对本田公司这种以新产品、新技术以及新战略武装自己的竞争对手时，瞬间失去多年的竞争优势，最终导致销售额和利润大幅下降。如果丰田公司能时刻保持竞争危机感和战略警觉性，在面对外部市场的偏好转变时能及时调整自身的战略，那么就不会在与本田公司的竞争中处于不利之位。可见，组织变革为企业带来的丰厚利益使其日益成为企业关注的焦点，而成熟的企业高管也应当在运营中保持警觉性，在感知市场变化的同时，积极实施组织变革策略以提升企业的价值，使企业在激烈的竞争中立于不败之地。

因此，企业只有满足上述基本要求，才能在激烈的竞争环境中确立自己优于竞争对手的战略地位，从而创造并保持竞争优势。

二 理论背景

1. 高管警觉性与组织变革策略的相关研究匮乏

现有对警觉性的相关研究仍集中在创业警觉性与创业绩效关系的层面，很少有学者从警觉性视角分析组织变革策略（Chen and Miller，2012），而高管警觉性与组织变革策略高度相关，能够在现实情境中帮助企业实施组织变革。以往关于警觉性与组织战略的相关研究集中在机会警觉性这一单一维度上（Ko and Butler，2007；Simsek et al.，2009；Chen and Miller，2012），然而，机会警觉性不能够完全描述高管警觉性的内涵和外延，因此本书在前人的研究基础上将高管警觉性划分为机会警觉性和资源警觉性两个维度，并从这两个维度出发系统阐述高管人员如何认知与利用机会和资源来驱动组织战略变革。这将会对传统企业的认知提出挑战，并在一定程度上加速组织的成长与演变，弥补现有文献对高管警觉性与组织变革策略研究的不足。

2. 竞争张力对组织变革策略与企业财务绩效之间关系的调节性影响研究不足

现有研究通常将竞争张力作为控制变量（McGrath，1999），研究组织变革对企业财务绩效的影响。然而，竞争张力还可以作为调节变量影响组织变革与企业财务绩效之间的关系。Chen 等（1995，2007）提出的动态竞争观表明：组织要想在动态的竞争环境中生存并不断提升财务绩效，必须积极地搜索市场信息，关注市场竞争动态，对基本竞争态势做出合理的判断，感知竞争张力的影响，根据市场反馈调整进一步的跟进战略。目标企业对企业间竞争张力的感知会影响其对市场竞争动态的关注（Chen and Miller，2012），当组织对竞争张力的感知度提升时，加大组织变革调整的力度将会带来更高的绩效。

本书创新性地将竞争张力作为调节变量，是在理论上进行的一次创新性尝试。

3. 从竞争张力视角分析其对高管警觉性与企业财务绩效的非间接性调节影响的研究较少

加入世贸组织后，在全球经济一体化与区域经济一体化开放格局并存的环境下，我国市场经济得到快速发展。在竞争与合作、开放与限制并存的大时代背景下，我国企业所面临的内外部环境同时发生了翻天覆地的变化，而任何企业的发展归根结底都是创新的过程，创新能为企业注入新鲜的血液，是企业保持持久生命力的源泉。然而，当目标企业的创新行为出现在竞争者的技术优势领域时，其将承受较多的阻挠、威胁与攻击，导致目标企业承受较大的压力，此时，拥有较强警觉性的企业高管将会调整组织变革策略，做出必要的调整，加快回应速度以应对竞争企业带来的市场冲击，尤其当其觉察到的竞争张力较强时，组织的变革将会带来更高的绩效水平，而这些行为和结果的前提是组织高层已经深入了解组织的资源基础以及觉察到了外部有价值的机会。Solouki和Zahra（2017）分析了企业在组织变革过程中可能不会采取的路径，他在强调组织变革必要性的同时，也着重分析了高管的机会警觉性对组织变革行为及对后续绩效的影响。Bloodgood（2006）也指出组织为了抓住并利用有价值的资源，会根据竞争张力的变化来调整组织变革策略，以提升组织的绩效。然而，目前关于资源警觉性、机会警觉性、竞争张力与企业成长的研究匮乏，尤其是从战略视角出发，现有动态竞争理论为企业发展提供的解决方案亟须进一步细化和补充。

第二节　高管警觉性研究对提升企业财务绩效至关重要

在目前全球经济不景气的情况下，组织变革被视为经济发展的主要动力。机会警觉性和资源警觉性对组织变革策略的影响成为学界和业界关注的焦点议题，如何认知并利用机会和资源来驱动组织实施战略变革将会对传统企业的认知提出挑战，并在一定程度上加速组织的成长、演变以及企业财务绩效的提高。本书结合当前国内外对高管警觉性、组织变革策略、竞争张力、财务绩效的研究，提出基于以上四个构念的调节中介模型，在相关理论的基础上，对东北三省的高科技企业和传统企业进行调研分析，在获得相关数据的基础上进行实证检验，从而详细阐述了我国东北三省企业的高管警觉性、组织变革策略、竞争张力与财务绩效的关系，在实践中为企业提供指导。

一 理论意义

1. 从新的视角重新定义了高管警觉性，并进行了详细分析，丰富了警觉性的相关研究

本书整合了 TMT（高层管理团队，简称"高管"）相关理论和警觉性相关理论，系统地探究了高管警觉性与财务绩效的关系，拓展完善了高管警觉性的相关理论与维度框架，对 TMT 相关理论和警觉性相关理论的融合做出了贡献。虽然关于高管警觉性的研究呈现逐年增多的趋势（Shepherd et al.，2005），尤其在创业研究领域，但从机会警觉性和资源警觉性视角分析解释组织变革策略的研究较少（Chen and Miller，2012）。如前所述，机会警觉性只能部分描述高管警觉性的内涵和外延，在动态复杂的环境中，企业高管还需注意资源警觉性对组织变革结果的影响。本书通过对现有文献的梳理，在前人研究的基础上，将高管警觉性进一步细分为机会警觉性和资源警觉性两个维度，为高管理论提供了新的研究框架。

2. 进一步丰富了动态竞争理论的相关研究

动态竞争理论的相关研究是企业战略管理领域方兴未艾的研究方向之一，企业竞争行为的内在规律及其缘由一直以来都是动态竞争理论的研究重点。为了赢得较为长久的市场竞争优势，企业经常会面临是否以及如何采取进攻与回应性行动这类问题。Chen 等（1995，2007）提出的动态竞争观证实了企业要想在动态的竞争环境中生存并提高组织效能，必须时刻关注市场的竞争动态，即同一市场中处于竞争状态的所有企业的各种动态与回应。同时，动态竞争理论也强调了企业高管必须对资源、机会保持警觉，通过感知企业间的竞争张力来实施组织变革策略。

然而，关于上述方面的实证研究在我国仍然十分匮乏，我国有关动态竞争的研究处于极不完善的起步阶段，如何认识中国企业的竞争行为是国内外众多学者都极为关心的焦点问题，企业间的竞争互动作为动态竞争理论所探究的核心方向也受到国内学者的广泛关注。

本书通过理论推导发现竞争张力作为调节变量调节了组织变革策略与财务绩效之间的关系，弥补了以往研究中仅考虑组织变革策略对财务绩效影响的不足。与此同时，在以往的研究中也没有学者总结出组织变革策略在高管警觉性与财务绩效之间所起到的中介作用，只是分别注意到高管警觉性对组织变革策略的影响、组织变革策略对财务绩效的影响以及高管警觉性对组织变革策略的影响。因此，本书构建了基于高管警觉性、组织变革策略、竞争张力、财务绩效四个构念的调节中介模型，厘清了四个构念之间的关系，为高管理论增添了砖瓦。同时，动态竞争理论也提供了一种细致的研究方法，促进了我们对竞争驱动力的深入理解，对企业组织变革策略和绩效提升提供了更加丰富的解释。

二　实践价值

1. 实施组织变革能够实现企业可持续发展

伴随着中国加入WTO所带来的资源在国家间的优化配置、技术的飞速发展以及电子商务在全球范围内的广泛应用，我国企业所面临的竞争环境也增添了更多新兴元素。在这样的宏观背景下，企业间的并购与整合、战略联盟的形成以及国际化战略实施等组织变革也越发频繁。在竞争对手方面，企业除了要应对国内竞争者，还必须面对国外跨国性巨头企业的挑战；在竞争市场方面，以往相对稳定的市场也发生了变化，成为犹如建立在变化不停的流沙上面的某个不稳定区域。正如大思想家斯宾塞·约翰逊所述，世界万物唯一不变的真理就是一切都在改变。企业为了在弱肉强食的竞争市场中立于不败之地，就必须通过变革实现组织效率的提升，在提高市场适应能力的同时实现组织的良性发展。因此，研究如何通过变革以应对这些新兴元素的挑战，改变企业传统的战略思维和竞争模式，尽快缩小与国际先进企业的差距，迅速实现与国际接轨，促进企业稳定的可持续发展而不被市场淘汰，具有较大的社会应用价值。

2. 改善企业绩效能够促进企业价值提升

企业的可持续发展将会带来巨大的社会财富，企业的价值创造和财务绩效提升是相互影响、相互作用的。一方面，价值创造将会带来企业财务绩效的改善；另一方面，企业财务绩效的改善，将会带来企业价值的进一步提升。在日益发展的市场经济中，企业的财务绩效将会直接影响企业发展的稳定性，而健康稳定的发展将会为企业创造更多的经济价值，也影响了利益相关者的直接利益。因此，研究如何提升企业的财务绩效具有极其重要的现实意义。

3. 组织的开放性要求组织实施变革

每个企业都处在一个多层次、多因素、复杂多变的背景之下，提升企业在客观环境不断变化背景下的生存能力，即不断地对组织进行变革以应对新的组织形态的出现，已经成为企业发展的首要任务之一，也唯有变革才能使企业适应新的情况和要求，实现组织结构的完善、组织功能的优化和组织成员满意度的提高，从而提升整个组织发展的灵活性和适应能力。另外，企业在不同的成长阶段也会呈现不同的组织结构模式，企业想要维持发展，也必须不断地调整自身结构和完善自身功能。

4. 竞争张力和组织变革相辅相成提高企业竞争力

高管人员作为企业的决策者必须对微量的经济变动可能带来的累积性的影响保持警觉，动态的市场竞争环境也要求高管人员聚焦市场上的竞争态势及其动态变化，搜索市场信息并对基本竞争态势进行合理的判断。在察觉到外部的变化并感知到竞争张力的基础上，组织会了解对手可能采取的行动与回应，根据市场反馈进一步调整并跟进战略，有效地实施组织变革策略，强化变革效果，尤其是当其察觉到的竞争张力较强时，组织的变革将会带来更高的绩效水平。可见，对竞争张力和组织变革策略的深入研究有利于指导我国企业合理地确定竞争优势并获得竞争优势的持久性，提升企业战略管理的效率，从而增强企业的市场竞争力，提升企业的财务绩效，实现企业的健康和良性发展。只有企业提升了竞争优势，其所处的产业才能具有更强的竞争优势并形成产业竞争力，而产业竞争力作为国家竞争力的核心内容，最终必然会带动我国综合国力的提升。

第三节　高管警觉性研究涉及的内容与本书结构

一　研究内容

根据选题背景与选题意义能够发现，组织变革已经被视为经济发展的主要动力，而高管警觉性对组织变革策略的影响也成为学界和业界关注的焦点议题，如何认知并利用机会、资源来驱动组织战略变革将会对传统企业的认知提出挑战，并在一定程度上加速组织的成长与演变。基于现有理论以及需要回答的问题，本书研究和探讨的问题主要有以下几个方面。

第一，针对"如何界定高管警觉性并正确区分其与企业家警觉性"这一问题，本书通过对相关文献的研究，对高管警觉性的维度和内涵进行了提炼并进行验证，基于高管理论对高管警觉性的两个维度进行了梳理。研究认为，高管警觉性包括机会警觉性和资源警觉性，尤其是对于所处环境日新月异的高科技企业的高管而言，对机会和资源保持高度的警觉性是使企业保持竞争力、帮助企业实现持续发展的重要手段。

第二，分析高管警觉性如何影响企业财务绩效。诸多学者运用实证方法分析了高管警觉性对企业财务绩效的影响，且大多数学者认为高管警觉性对企业财务绩效具有正向影响（Barney，2001；Brush et al.，2001）。学者们主要采用财务指标对组织绩效进行考察，因此，结合高科技企业和传统企业的实际情况，本书采用财务指标，从企业财务绩效方面来测量企业绩效，具体分析高管警觉性对企业财务绩效的影响。

第三，分析高管警觉性如何影响组织变革策略。高管警觉性对组织变革策略的发展起到了重要作用，对机会和资源保持警觉性有利于企业加快内部调整的速度，驱动组织实现变革（Gaglio and Katz，2001）。本书通过理论分析与实地调研，探讨了高管警觉性对组织变革策略的影响。

综上，本书分析了高管警觉性与组织变革策略之间的关系，为研究高管警觉性向企业财务绩效转化的路径做了铺垫。

第四，按照"高管警觉性—组织变革策略—企业财务绩效"的逻辑，本书将组织变革策略作为高管警觉性影响企业财务绩效的关键路径。通过实地调研与实证研究，笔者发现，高管警觉性的两个维度（机会警觉性和资源警觉性）不仅会分别对企业财务绩效产生积极的影响，还可以通过不同方式的组织变革策略（变革规模和变革领导风格）对财务绩效产生间接影响。根据 TMT 相关理论、组织变革理论与战略选择理论，本书探讨不同方式的组织变革策略在高管警觉性与企业财务绩效间的中介作用。

第五，分析竞争张力如何对组织变革策略形成调节效应。动态竞争理论强调了企业间的竞争态势对组织行动的影响，企业感知的竞争张力发展到一定程度将会打破企业间的短暂均衡，迫使高管人员不断强化对外部机会与内部资源的警觉性，识别新型的资源组合和潜在的有利机会，同时进一步加强组织的变革，催化企业之间的竞争，从而达到企业财务绩效提升的效果。

综上，本书基于前人的研究，构建了竞争张力、高管警觉性、组织变革策略以及企业财务绩效四个变量之间的理论模型（见图 1-2），根据 TMT 相关理论、组织变革理论、战略选择理论和动态竞争理论，主要围绕高管警觉性对企业财务绩效的影响、组织变革策略对企业财务绩效的影响、高管警觉性对组织变革策略的影响、组织变革策略是否在高管警觉性和企业财务绩效之间起到中介作用、竞争张力如何正向调节组织变革策略对企业财务绩效的影响以及高管警觉性通过组织变革策略对企业财务绩效的非直接影响会受到竞争张力的正向调节这 6 个紧密相连的问题展开研究。在对变量维度进行划分并获得调研数据的基础上开展实证研究并对相关研究结果进行讨论，最后进行总结，提出研究展望。

二 研究结构

本书一共分有 7 章，主要内容如下。

第 1 章为绪论。主要介绍本书选题的实践背景与理论背景、

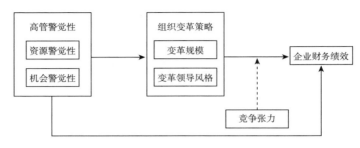

图 1 - 2 研究内容框架

理论意义与实践价值、主要研究内容和结构，以及研究方法和研究思路。

第 2 章为高管警觉性对企业财务绩效影响的理论基础与文献综述。主要对本书相关的理论基础以及竞争张力、高管警觉性、组织变革策略和企业财务绩效 4 个方面的文献进行梳理和论述。

第 3 章为高管警觉性与企业财务绩效的研究模型与假设。在本章中，参考来自文献综述中的论点，确定本书所要研究的变量，确定变量的内涵，根据前人的研究对变量的维度进行界定，进而对变量之间的关系进行分析。在此基础上构建理论模型，提出有关高管警觉性、组织变革策略、竞争张力与企业财务绩效四者间关系的研究假设。

第 4 章为高管警觉性与企业财务绩效的研究设计。针对研究对象确定样本数量、设计调查问卷、确定问卷中所需掌握的基本信息，并对高管警觉性、组织变革策略、竞争张力以及企业财务绩效 4 个变量进行相关测量题项的设计。

第 5 章为高管警觉性对企业财务绩效影响的实证分析。首先，对调研问卷的收集情况和样本特征进行介绍；其次，对测量量表进行信度与效度检验以及相关分析；最后，通过结构方程模型对提出的研究假设进行验证。

第 6 章为结果讨论与启示。本章对前章的研究结果进行了讨论，探讨高管警觉性、组织变革策略、竞争张力与企业财务绩效之间的关系，以及组织变革策略的中介作用、竞争张力的调节作用，并得出对我国东北三省高科技企业和传统企业发展有利的战略性启示。

第 7 章为研究结论与展望。在得出研究结论的基础上归纳本书的创新点，总结了本书的不足之处并提出了后续的研究展望。

第四节　本书研究方法与思路

一　研究方法

1. 文献研究法

为探讨高管警觉性、组织变革策略、竞争张力与企业财务绩效之间的关系，本书对国内外相关文献资料进行研究分析，对动态竞争理论、TMT 相关理论、组织变革理论、战略选择理论进行梳理，发现研究的突破点，为本书的理论分析奠定基础，并初步形成了研究思路与概念模型。

2. 问卷调查法

在文献研究的基础上，提出研究理论框架，建立本书的理论模型，同时提出本书的研究假设。主要应用建立在现有相关企业理论基础上的逻辑推演方法，在研究过程中辅以详尽的理论解释来佐证理论分析的可信性，然后按照研究方向制定调查问卷，大量发放调查问卷，同时开展实地调研，记录结果数据。接下来借助统计学工具对提出的研究假设进行检验，并将检验结果用于评价理论模型和涉及的研究假设。

笔者借鉴国外目前较为完善的测量量表制定调查问卷，调查目标集中在我国东北地区高科技企业和传统企业的高管团队。合计发放调查问卷 331 份，共收集 212 份问卷的数据，问卷回收率为 64.05%。在后续的问卷处理中，筛选出有效问卷 208 份，有效问卷回收率为 62.84%。

3. 统计分析

收集到问卷数据后，本书采用 SPSS 20.0 统计分析软件和 Smart Plus 2.0 结构方程模型分析软件对理论模型进行数据分析，对问卷中所采用的量表进行描述性统计分析及效度和信度检验分析，确定量表与各变量测量的有效性与可靠性。在此基础上进行相关分析及结构方程模型建构等，从而验证数据与假设模型的拟合度，确定各变量之间的关系。

二 研究思路

首先，本书基于对现有相关理论的文献回顾与分析，结合与专业人士的深度访谈，提出了高管警觉性、组织变革策略、竞争张力与企业财务绩效之间关系的一体化模型，并提出相关研究假设；其次，编制问卷并对问卷加以修正；再次，进行大规模数据收集及问卷调查并结合理论模型进行实证研究；最后，对假设检验结果进行讨论，得出研究结论和展望。

由此可见，本书的研究路径是从提出问题、分析问题，再到解决问题，完成从理论到实践，再从实践回归理论的思维过程。研究的技术路线如图 1-3 所示。

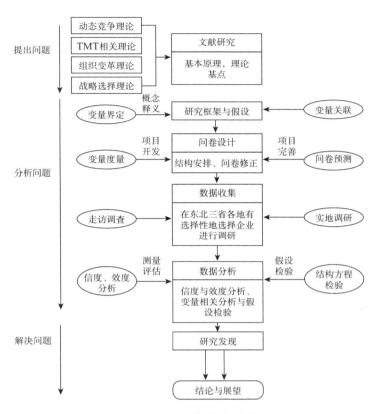

图 1 - 3 本书技术路线

| 第二章 |

高管警觉性对企业财务绩效影响的理论
基础与文献综述

本书参考了关于动态竞争、战略管理、高管警觉性以及企业竞争优势等方面的理论研究，厘清了在竞争张力影响下高管警觉性、组织变革策略和企业财务绩效之间的关系。本书的理论基础包括动态竞争理论、TMT 相关理论、组织变革理论、战略选择理论。本章首先对与本书相关的基本理论进行了综述，接着为阐明理论中所涉及的相关变量间的关系，对竞争张力、高管警觉性、组织变革策略与财务绩效的相关文献进行梳理，为本书变量间关系的讨论和总体模型的构建提供了理论支持。

第一节　高管警觉性相关基本理论

平地难起高楼，前人多年的研究成果为本书研究提供了坚实的基础。唯有认真汲取相关学科的研究精髓，才能最终逐步建立与发展竞争张力影响下高管警觉性、组织变革策略与企业财务绩效的理论体系，实现本书的研究目标。

一 动态竞争理论

近年来，动态竞争领域的相关研究蓬勃发展。一方面，动态竞争理论提供了一种细致的研究方法，以便于了解目标企业面对特定竞争对手时所采取的行动，同时动态竞争理论也考察了竞争对手间的相互作用，即当竞争对手发起某一类竞争行为时，目标企业对应的响应行为。另一方面，动态竞争理论的研究框架也丰富了我们对竞争驱动力的理解，为企业策略与组织之间建立了更紧密的联系。

1. 动态竞争理论的起源

Edwards（1955）首先提出了动态竞争理论（Dynamic Competitiveness），分析了企业间竞争活动的重要性。在 Edwards 的理论贡献下，动态竞争理论作为西方企业战略管理学界重要的研究方向之一，在 20 世纪 80 年代兴起，重点集中在对竞争企业间行为的内在规律及其缘由的探究上。Chen（1988）将竞争行为互动——竞争行动与回应视为竞争研究的基础，并据此开发动态竞争理论。熊彼特用创造性破坏理论来解释企业如何通过行动回应在动态市场中寻求机会，他认为竞争是一种动态的市场过程而不是静态的市场结果，由于行为总会打破稳定的现状，所以他认为市场永远不会达到均衡。竞争作为企业在市场中所发生的行为，是使市场趋近或偏离平衡的过程，而非平衡本身，这也是动态竞争理论的核心内容。

2. 动态竞争理论的发展

超级竞争（Hyper Competition）观点由 Richard 在 1994 年首次提出。该观点认为持续的企业竞争优势并不存在，长期的成功建立在不断打破现状的基础上。由于竞争环境快速变化，企业的核心竞争力需要视环境而发生变化，今日的竞争优势可能会被明日的劣势所替代，若企业无法随时适应变化，过去的成功反而会限制组织获取新的竞争优势。由于动态环境下的竞争优势是极其短暂又难以把握的，所以动态竞争理论是从竞争的本质——竞争互动出发，以获取一连串短期竞争优势为目标进行研究。因此，Richard 提出动态战略是企业成功的关键砝码。Chen（1996）在企业竞争战略互动的理论与实践研究领域也做出了突出贡献，使企业间互动行为问题的研究方法更加科学。随后，Chen 和 Miller（1994）通过长时间对美国航空企业的观察以及对竞争数据的跟踪收集，建立了一个反映竞争者回应攻击可能性的分析模型，并通过实证研究概括出影响竞争对手是否做出反应与如何进行反应的三种因素。随着前人研究的不断深化，西方管理学者对企业间的竞争方式、竞争强度的变化等有了崭新的认识，动态竞争理论的研究也日益趋于完善。动态竞争理论的研究内容可大体分成三类：基于企业竞争行为的动态竞争理论、基于环境分析的动态竞争理论以及基于网络组织的动态竞争理论。本书从基于企业竞争行为的动态竞争理论的视角展开研究。

动态竞争的行为观以企业间的竞争为切入点，考察企业间的相互作用、竞争时机等内外因素对企业财务绩效的影响。本书将着重研究内外因素对企业财务绩效的作用机制，以期回答在动态环境下企业如何制定战略管理策略并有效实施战略管理决策，如何获得超过行业平均水平的收益并维持竞争优势。多点竞争理论、竞争互动理论都是基于企业竞争行为观点的研究内容（见图 2 - 1）。

（1）多点竞争理论

产业组织经济学是多点竞争理论的起源，其主要研究横跨多个市场的企业间的竞争互动问题（Gimeno，1994）。多点竞争理

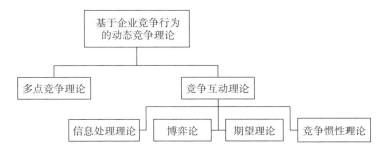

图 2 – 1　基于企业竞争行为的动态竞争理论

资料来源：笔者根据资料整理。

论即多市场接触理论，是静态竞争理论和动态竞争理论的重要分支点。Porter（1980）明确了多点竞争的定义：由于地域条件不同，企业不是在一个市场而是在多个市场与竞争对手进行对抗，并指出多点竞争适用于本地经济、区域经济甚至全球经济。当企业在多个市场环境下参与竞争活动时会面临多种选择，其与竞争对手的接触程度和关联性也将大幅提升。研究多点竞争的文献大多认为，竞争企业间的相互克制程度将会受到市场之间关联程度的影响，关联程度越高，相互克制程度越高（Baum and Korn，1999）。多点竞争在增加企业战略多样性以及企业竞争机会的同时，也强化了竞争企业间的战略性共谋，这种共谋在一定程度上降低了企业间的竞争强度，进而产生可预期的竞争行为（Gimeno and Woo，1996；Baum and Korn，1999；Boeker，1997）。

（2）竞争互动理论

竞争互动理论作为动态竞争理论的另一个重要分支，主要是对企业的竞争行为和竞争反应之间的关系进行研究，这方面的代表学者主要有陈明哲（Chen）、史密斯（Smith）、米勒（Miller）和麦克米兰（MacMillan）、格莱姆（Grimm）等。竞争互动理论认为企业为了获取竞争优势，在开展竞争行为前，应考虑同一市场上的竞争对手可能对其竞争行为采取的反应，即要研究竞争企业的进攻和回应之间的相互关系。进攻是指企业为了维持或巩固在竞争环境中的竞争地位而采取的可观察的具体的行为（Grimm and Smith，1997）。当企业具有较大的信息与资源优势或面对攻击而竞争对手具有较低的回应性时，企业更容易发起进攻（Chen and Miller，1994）。回应则是指企业为了巩固本企业的市场份额和优势（Chen，1996），在面对竞争对手的攻击时采取的反击行为（Smith et al.，1991；Ferrier et al.，2004）。许多关于动态竞争的研究都来源于熊彼特的创造性破坏理论，创造性破坏被定义为领先企业在经历了攻击与反击的过程后，自身的市场地位会不可避免地衰落，在这种动态的环境中，产业领先者为了追求新机会而发起的创造性行动会引发其他竞争者的反击，以破坏领先者期望的优势。随着竞争环境动态性的加剧，企业为了获取市场份额或提升绩效，将会采取一系列竞争行为，这些行为将会驱使竞争对手做出其认为适当的反击，竞争对手的报复性行动又会引起最先采取行动的竞争企业再次做出回击。此时，在行业内形成的一连串的交锋行动就构成了企业竞争的动态性，企业只有适应环境的动态变化，才能建立竞争优势，从而提高企业的绩效。

波特在《竞争战略》一书中指出，要想给企业制定出一套完全符合当前竞争状态的策略，最基本的是要透彻地分析竞争对手，因为动态竞争理论建立在竞争双方互动的基础上，因此该理论认为攻击者应该通过预测防御者可能的回应来发起合适的竞争行为，并以此来建立竞争优势。Chen 和 MacMillan（1992）提出防御者的进攻和反应模型，认为应从博弈论的角度对竞争双方的互动行为进行分析，并利用美国航空业 20 世纪末期的数据进行了相关的实证分析，分析表明：防御者回应或采取与进攻者行动类似的报复行为的可能性与防御者对被攻击市场的依赖程度成正比，依赖程度越高，其回应的可能性就越大；防御者回应或采取与进攻者行动类似的报复行为的可能性与回应进攻性行为时耗费的资源成反比，所需资源越多，其不回应的可能性就越大；防御者回应或采取与进攻者行动类似的报复行为的速度与防御者对被攻击市场的依赖程度成反比，依赖程度越高，其回应的速度越慢；进攻者的进攻性行为的变更难度与回应速度成反比，难度越大，则回应速度越慢；降低价格的竞争行为是最容易引起竞争对手最快且最直接报复的进攻行动。

对于动态竞争理论来说，竞争者分析是一个重要的前置工作，因为竞争双方的属性将影响双方的竞争行动与回应。Chen（1996）指出以往竞争者分析研究中波特提出的五力模型只局限于产业分析层面，而战略群组分析法作为研究人员经常使用的企业层面的竞争者分析方法却忽略了竞争者双方的市场范畴与两者彼此的竞争关系，因此 Chen（1996）在总结概括多点竞争理论、竞争互动理论的基础上，提出市场共性和资源相似性两个互相独立的概念组成共同分析架构，衡量产业内竞争者彼此的竞争关系。企业在发起进攻时，为了降低风险，相对于市场共同性较强的企业，其更容易选择进攻市场共同性较弱的企业；企业在发起进攻时也应考虑作为防御方的企业的潜在回应，相对于资源相似性较强的企业，其更容易选择进攻资源相似性较弱的企业。

在研究如何提升企业财务绩效以及绩效提升的驱动因素的众多理论中，动态竞争理论一直处于核心地位。该理论着眼于竞争性行动（Smith et al.，1991），认为组织为了防御并巩固其地位而采取的一连串竞争性行动是保持企业竞争优势以及维持稳定的财务绩效的关键驱动因素。对资源的充分利用是企业实现卓越绩效并获取有利市场地位的前提，而竞争性行动作为催化剂，可以促使企业迅速实现从资源到财务绩效的转化（Sirmon et al.，2007，2008；Sirmon and Hitt，2009）。

Chen（1996）提出市场共同性和资源相似性的概念，认为每个企业都有独特的市场形态和战略资源天赋，在市场共同性和资源相似性两方面与特定的竞争对手进行对比将有助于企业衡量竞争张力，并且预知企业间将会如何相互影响。彼此的市场共同性或资源相似性越强，则双方感知到的竞争张力越大，两者发生竞争性对抗的可能性也越大。动态竞争的中心思想是从竞争对手的角度考虑自身的战略并通过市场共同性与资源相似性对竞争者进行分析，并利用大数据的核心作用，更清楚地了解自己的竞争对手。例如，华为、Oppo、Vivo 在国内智能手机市场上发布的产品相似度、替代程度都较高，并且三家企业在多个市场同时展开竞争，因此三家企业在市场共同性的驱动作用下互为竞争对手；再例如，多数人会认为 UPS（美国联合包裹服务公司）、USPS（美国邮政局）等是 FedEx（美国联邦快递）在市场上的竞争对手，而实际上，FedEx 重要的跨行业竞争对手是沃尔玛，因为这两家企业在人力和物流等方面存在较强的资源相似性，两家企业在资源相似性的驱使下在市场中形成了竞争。可见，市场共同性和资源相似性的分析框架能够帮助企业在复杂多变的竞争环境中识别竞争对手，当对手间激烈的竞争累积到一定强度时，企业间竞争的平衡点就会被打破，此时目标企业的高管人员为了保证企业核心竞争力、寻求新的战略高点，应当对能形成企业竞争优势的新的战略资源保持警觉性，这种情形下资源警觉性将会对企业的财务绩效起到更大的提升作用。

根据熊彼特的观点，产业领先者与挑战者攻击和反击的方式与过程决定了其长期的绩效与生存的概率。根据这一理论，创新的先动者往往会由于对手反击的时滞性而享受短暂的垄断优势及非正常利润。因此，动态竞争理论的研究者纷纷尝试从实证的角度识别能够拖延报复时间或使时滞最大化的战略行动。动态竞争相关理论认为企业的行动及其对竞争对手行动的回应决定了企业的绩效，Smith 等（2001）在回顾动态竞争理论的基础上概括出目标企业的绩效与竞争对手回应时间的长度成正向关系。而对竞争对手的依赖程度和行动的不可逆性是竞争对手回应时间的重要预测指标，它们也积极地影响回应的可能性（Chen and MacMillan，1992）。除此之外，市场间的竞争互动也会对企业绩效产生影响，攻击者和最早的回应者将会得到市场占有率带来的企业利润（卢安文、吴晶莹和陈华，2015）。

动态竞争理论假设在动态竞争环境下企业若要获取竞争优势必须不断地发动攻击或在受攻击的情况下积极回应，其研究的重心是预测企业何时且以何种方式攻击和反击才能获取最大报酬。因此，在市场共同性和资源相似性的理论构念基础上，Chen 等（2007）发展了 AMC 理论即知觉—动机—能力（Awareness – Motivation – Capability）理论，成为动态竞争理论的理论基础，其中知觉因子指高管的警觉性，包含对竞争对手、竞争行业以及竞争环境的警觉性，这种警觉性会随着竞争者之间市场共同性和资源相似性的增强而提高。知觉因子以竞争者发动竞争行动的显著程度，或竞争者在市场上的影响力来衡量其带给目标企业的心理压力，反映了企业对竞争企业间市场共同性与资源相似性以及企业相互依赖程度的认识水平（Chen et al.，2007）。知觉因子的重要性体现在它影响了一个企业对其在竞争环境中所采取行动所带来的竞争对手的反击的认知。知觉的缺失将会导致企业间的过度竞争，给企业经营绩效带来负面影响（Chen，1996）。动机因子是指管理层从事竞争活动的意愿，市场共同性将影响管理层采取行动的动机，市场共同性越强，防御者采取反击行动的动机就越强。动机因子以竞争者对目标企业的供给量来衡量目标企业所受威胁之高低，是企业采取竞争行为的激励所在（Chen et al.，2007）。Chen（1996）认为企业在感知到竞争对手存在的前提下，并不一定会做出相应的进攻或回击行为，而只有在衡量自身在竞争行动中可能获得的收益和可能遭受的损失后，才会决定是否参与竞争。能力因子代表竞争者争夺目标企业市场的能力，指企业拥有资源的能力（Chen，1996），企业的资源直接影响企业实施竞争行动的能力，企业采取一系列竞争行动能否成功取决于企业的资源禀赋（Grimm and Smith，1997）。资源相似性影响企业的能力因子，由于具有相同资源的竞争者双方很有可能具备相似的战略和反击能力，为了避免两败俱伤的局面，竞争者双方的资源相似性越强，企业采取行动的可能性越小。能力因子反映了企业回应竞争对手的行动能力，在动态竞争中，知觉因子和动机因子是企业决策者是否做出回应的基础。资源相似性影响企业进攻或防御的能力（Chen et al.，2007）。由于受到资源的限制，即使企业觉察到竞争企业的存在，并且有足够的动机进行必要的回击，也可能缺乏回击的能力。Chen 等通过对三因子的开发进一步分析了竞争性行动与竞争性回应之间的关系，认为只有当竞争者能觉察到目标企业所发动的竞争行动时才会产生竞争回应的动机，之后通过审视自身的回应能力，才能进一步产生竞争回应。Chen 等（2007）认为动态竞争研究并非以企业发动竞争行动或反击的必要性为主要议题，因为动态竞争理论已经假设在动态竞争下企业若要获取竞争优势必须不断发动攻击或在受攻击的情况下积极回应，其研究的重心应是预测企业何时且以何种方式攻击和反击，才能获取最大报酬，Chen 等（2007）进一步据此开发了竞争性行动预测模型（见图 2-2）。

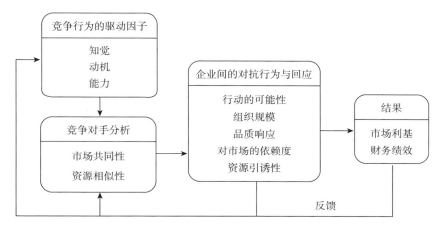

图 2-2　竞争性行动预测模型

资料来源：笔者根据 Chen（1996）整理。

二　TMT 相关理论

优秀的高级管理人才位于企业层级组织的最高层，是企业持续竞争的关键动力。全球经济一体化、日新月异的信息革命以及组织业务的多元化趋势都对高管的工作提出了新的挑战。Hambrick 和 Mason 1984 年提出的高层梯队理论（Upper Echelons Theory）是高层管理团队研究的理论基础，标志着高层管理团队研究的开始。该理论认为，由于战略决策者所处的环境非常复杂，一个管理者不可能观察到组织内部和企业外部环境的每一个方面，因此，战略领导者的研究重点应该是整个高层管理团队，并不局限于管理者个人，高层管理团队成员的认知、价值观以及洞察力的差异会显著影响组织的竞争行为，进而影响组织的战略选择。因此有必要理解整个管理团队的背景、特征以及高层管理者的认知基础。

1. 高层管理团队的概念界定

"高层管理团队"（Top Management Team，TMT）这一概念最早出现在 20 世纪 70 年代兴起的战略管理相关文献中，但是当时的相关研究偏重于指向首席执行官个人。20 世纪 80 年代，随着企业资源基础理论的深化，学者们普遍认为企业高层管理团队是企业核心的战略资源，而并不是全部的高层管理者都可以被称为团队，只有那些良性互动、对企业目标能达成共同认识的高效能的管理者组成的集合才符合高层管理团队的定义。

由于各国在企业治理体制层面具有较大的差异，学者们对高层管理团队的赋意众说纷纭。目前学者们普遍认同的定义是高层管理团队作为企业的运作中心，在企业战略管理的全部过程中起到决定性作用，属于企业战略的制定和执行层，由企业的关键管理人员组成，这些成员在提出企业愿景的同时，引导企业形成战略使命，并运用科学系统的方法制定、评价与选择适当的战略方案，领导企业在实施战略方案的过程中不断根据外部环境的变化做出适当的战略调整，进而提升企业的核心竞争力，同时促使组织成员在企业运作过程中不断提升个人绩效。因此，高层管理团队的特点集中体现在以下方面：作为企业核心资源的企业高层管理团队是企业内外部环境的交汇点，掌控企业的决策权和控制权，制定企业战略计划，并对企业的组织管理与协调控制负有责任。同时，高层管理人员也应具备对环境的认知能力，准确把握企业外部环境的变化，使战略决策与企业环境变化相适应，以使企业战略目标得以实现。

笔者根据相关文献将较为典型的定义归纳于表 2 - 1。

表 2 - 1　高层管理团队的定义

研究者（年份）	研究者对高层管理团队的界定
Hambrick 和 Mason（1984）	企业所有的高管人员
Fredrickson 和 Mitchell（1984）	通过企业讨论确定的，在关键经营决策中常规性发挥效用的经理人团队
Hickson 等（1986）	积极参与企业决策讨论并做出抉择的管理人员
Bantel 和 Jackson（1989）	参与企业重大决策的高级经理
Murray 等（1989） Geletkanycz 和 Hambrick（1997） Sanders 和 Carpenter（1998）	董事会主席及副主席、首席执行官、首席运营官、总裁、资深副总裁和执行副总裁等
Kamm 等（1990）	由企业创立者组成的企业高管人员
Hambrick 等（1996）	副总裁级别以上的全部高层执行者
Amason 和 Sapienza（1997）	首席执行官指定的参与战略决策过程的高级经理
Elron（1997）	从首席执行官到高级副总裁层次的高管人员
Krishnan 等（1997）	首席执行官下一层次最高级别的管理人员、首席执行官、总裁
Amason 和 Mooney（1999）	首席执行官和直接向首席执行官负责，参加企业战略决策制定过程的高级管理人员
Li，Xin 和 Tsui（1999）	企业高层经理的相关小群体，包括总经理、副总经理以及直接向他们汇报工作的高级经理
魏立群、王智慧（2002）	总经理、首席执行官或总裁，以及具有副总经理、副总裁、总会计师或首席财务总监头衔的高管人员
孙海法、伍晓奕（2003）	良性互动、认同共同目标、资源整合优化、高效能的领导团队
Bertrand 和 Schoar（2003）	高管人员中薪酬最高的前五名人员
Goll 和 Rasheed（2005）	在企业经营中做出影响企业绩效决策的团体
王飞、张小林（2005）	各部门总监、总经理以及董事长
赵峥、井润田（2005）	董事会成员，正、副总经理，以及其他共同参与战略决策的高层管理者

续表

研究者（年份）	研究者对高层管理团队的界定
王华、黄之骏（2006）	董事会成员、（正、副）总经理、（正、副）总裁、财务总监、总工程师、总经济师、总农艺师、董事会秘书和监事会成员
鲁倩、贾良定（2009）	（正、副）总经理、总经理助理、总工程师、总会计师等
鲁海帆（2010）	（正、副）总经理、（正、副）总裁、财务总监、总工程师、总经济师、总农艺师、董事会成员和监事会成员

资料来源：笔者根据相关文献整理。

Hambrick 和 Mason 提出的高层梯队理论为高层管理团队的研究构建了基本的理论框架，Hambrick 等在 1996 年提出通过三个核心要素描述和测量高层管理团队，包括团队组成、团队结构以及团队过程。团队组成和团队结构主要是指高层管理团队成员的人口统计特征（包括年龄、学历、资历等）及结构特征（包括团队成员之间的同质性和异质性）。团队过程指高层管理团队的运作过程，主要包括团队成员之间的冲突、协调、沟通、凝聚力、领导、激励、行为整合等方面。团队成员的特征与互动过程会直接影响高层决策，进而影响到战略选择和组织绩效（包括团队绩效、战略产出、组织经济绩效）。将上述内容总结到图 2－3 中。

2. 高层管理团队特征研究现状

研究人员通常将高管团队的特征归纳为组织成员的平均任期、团队规模、学历以及这些变量的异质性等，将企业组织绩效概括为团队绩效、战略产出和组织经济绩效（姚振华、孙海法，2010）。关于高管团队的特征因素与企业组织绩效的相互关系，有如下研究成果。

在平均任期特征方面，Hambrick 和 D'Aveni（1992）研究发

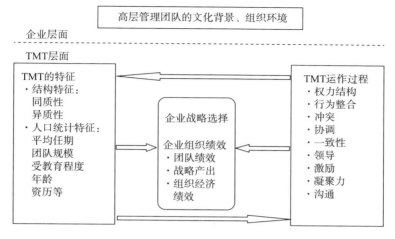

图 2－3　高层管理团队的主要研究方向

资料来源：笔者根据相关文献整理。

现，破产企业高管团队的平均任期要短于继续存续企业的高管团队。由于平均任期长的高管团队成员经常进行交流，实现知识的共享，提高团队的凝聚力，使团队习惯于已有的运作模式，降低了团队内部成员改变企业运作模式的可能性，有利于成员加深对组织政策与程序的理解（Hambrick and D'Aveni，1992）。后续研究者也得到相似结论，即高管团队的平均任期和企业的战略变革负相关。在团队规模方面，Cooper 和 Bruno（1977）、Eisenhardt 和 Schoonhoven（1990）对高科技企业的相关研究表明，大规模团队相较于小规模团队拥有更多解决问题的资源和能力，这就保证了大团队更能做出高质量的企业战略决策，从而提升企业绩效。Smith 等（1984）将 53 家高科技企业作为样本，研究了高管团队的团队规模、社会整合与企业绩效的不同关系模型，指出团队成员的增多使团队成员的情感、观点和个人目标出现分化甚至是相互冲突，致使整个团队的冲突增加，降低了社会整合的程度，从而影响了企业的绩效。在教育专业背景方面，Wiersema 和 Bantel

（1992）研究表明，由于科学和工程领域更关注流程、创新和持续改进，因此具有科学、工程专业背景的高层管理团队更具备判别众多影响因素的能力，也更愿意实施产品多元化战略，从而对企业绩效产生积极的影响。在考察了 TMT 人口特征的平均分布后，还应对其同质性、异质性等结构特征进行进一步的细致考察。TMT 的同质性是指高管团队组成成员在年龄、资历、学历、能力等方面的近似程度，TMT 异质性则表明上述组成特征的差异程度。TMT 异质性作为团队结构差异性的重要指标，也可以从多个维度去测量，如年龄异质性、能力异质性、任期异质性、学历异质性、目标偏好异质性等。在团队异质性方面，Hambrick 和 Mason（1984）指出企业高管团队的异质性和企业绩效在短任期内呈强相关关系。后续的研究也发现具有异质性的团队比同质性团队能更好地促进市场份额的增加与企业绩效的提升（Ferrier，2001；王道平、陈佳，2004；陈忠卫、常极，2009；常启军等，2015）。

3. 高层管理团队合作过程的研究现状

学者们将团队合作过程归纳为权力结构、冲突、一致性、行为整合等因素，在这些因素的研究基础上，产生了如下研究成果。

（1）基于权力结构的 TMT 合作过程研究

高层管理者的权力是其个人能力的集中体现，对制定企业战略决策起到了至关重要的作用。高层管理者作为企业的领导人，在企业的决策制定过程中扮演了重要的角色，保证了团队内部的顺利运行以及团队效能的发挥。Hambrick（1981）首先对高管团队的权力结构进行了研究，探究了环境、战略对高管成员权力的影响，结果表明当外部环境迫使企业不断进行市场创新和产品创新时，高层管理团队中来自市场开发、生产制造部门的管理者权力随之变大；而当外部环境要求企业提高生产效率时，来自财务、运营等部门的企业管理者的权力随之变大。Flood 和 Knight（1999）通过对 79 家美国和爱尔兰的高科技企业进行研究发现，高层管理者的领导风格对企业决策制定的一致性起到间接或直接的影响，并将领导风格分为四类：独裁型、互动型、变革型和放任自流型。其中，变革型领导者倾向于对下属进行动力激发、智力刺激和个性化关怀，激励下属做出超乎预期的事情，从而使团队绩效得到提升。反之，独裁型领导重视行政手段，倾向于制定严格的规章制度，以权威手段推进工作，拥有此类风格的领导团队容易降低企业的团队绩效。

（2）基于冲突的 TMT 合作过程研究

Amason 和 Schweiger（1994）指出冲突界于有利和有害之间，可归纳为认知冲突和情感冲突。认知冲突是任务导向的，可以促进高管团队成员间的相互交流，因此改进战略决策，促使成员更好地完成任务。在企业日常经营中，由于高管成员具有不同的特征，因此不同的成员观察复杂环境的角度是不同的，这就致使高管团队内部的认知冲突是不可避免的。相较于认知冲突，情感冲突是个体导向的，由于此冲突引起的问题容易削弱决策质量和成员间的理解，降低高管成员的满意度以及工作效率，因此，绩效好的高管团队更加鼓励认知冲突而抑制情感冲突的存在（Amason and Schweiger, 1994）。在 Amason 和 Schweiger 的研究基础上，Ensley、Pearson 和 Amason（2002）对 70 家新成立的企业进行研究，结果表明高管团队的凝聚力与新创企业的绩效存在正向关系，认知冲突与团队凝聚力呈正向关系，情感冲突与团队凝聚力呈负向关系，即：高管团队的凝聚力越强，企业的绩效越好；认知冲突越大，团队凝聚力越强；情感冲突越大，团队凝聚力越弱。值得我们注意的是，虽然这两种冲突对决策质量、团队效能、企业绩效会产生不同的影响，但是认知冲突在一定的条件下可以转化成情感冲突，当认知冲突被理解为个人的批判时就会转化成情感冲突，因此企业高管团队应当对企业冲突进行科学有效的管理，高管人员如果能有效利用冲突带来的杠杆作用，将能提升高管团队的工作效率。

（3）基于一致性的 TMT 合作过程研究

基于一致性的相关研究表明，企业高层管理团队内部的一致性与企业绩效呈正相关关系，高管成员对企业战略决策模式、战略目标的认识一致性和任务执行的一致性将影响高管团队工作效率及企业绩效的提升。高层管理团队的内部一致性越高，凝聚力越强，将越容易形成高效率、高质量的企业战略决策（Iaquinto et al.，1997；姚振华、孙海法，2010）。团队成员如果认可决策标准和程序的制定，理解并接受组织的战略决策模式，就可以减少成员间的交流障碍，避免浪费时间在不必要的程序讨论上。

企业的行为整合被一些学者认为是研究高层管理团队运作过程的核心问题（Simsek et al.，2005）。高层管理团队的行为整合是指团队成员在思想与行动上对信息交流的数量与质量、合作行为以及战略决策制定的集体互动。相关学者对团队行为整合的研究表明，由于团队冲突和成员目标不一致的存在，团队的整体效能会受到影响，一个行为不协调的高层管理团队不能有效地共享信息、资源以及做出一致的决策，而高层管理团队的行为整合能促进团队决策质量以及企业绩效的提高，对团队效能的提升具有积极作用。同时，团队整合行为和情感冲突呈负向关系，团队的情感冲突会随着团队行为整合程度的升高而减少。因此，团队整合能有效地利用冲突带来的杠杆作用，避免情感冲突的消极作用，获得认知冲突的积极作用。Hambrick（1997）通过对两个业务类似企业的调查研究显示，企业高层管理团队的行为整合度越高，团队成员间的沟通交流越顺畅，企业发展就越发顺利。

Smith 等（1994）通过对 54 家企业的实证研究发现，行为整合和沟通对企业绩效的影响十分明显。但过度频繁的沟通会导致员工的精力从日常的工作转移到团队冲突的解决中，这必然导致企业效率和绩效的下降。

三　组织变革理论

伴随着信息技术的广泛应用以及全球化进程的加快，企业内外的环境变得更加动态且复杂，不确定性与日俱增，组织只有具备灵活应变的能力，才能在日趋激烈与残酷的竞争环境中生存下来。因此，为了应对复杂多变的外部环境，组织变革成为企业的必然选择。在变革的过程中，一些企业能迅速融入新环境，而另一些企业却陷入彷徨的境地（李作战，2007）。这就要求组织适宜地进行变革，在制定组织战略规划的基础上，及时调整各变革要素以适应环境，实现变革的最终目标，同时提升组织的整体效能。

1. 组织变革的起源

组织变革（Organizational Change）起源于 20 世纪 40 年代。随着组织发展理论的产生，学者们对组织变革的认识日益加深。Lewin 和 Weiss（1939）提出作为组织变革理论基础的三段论，即解冻（Unfreezing）—变革（Moving）—重新冻结（Refreezing），相较于其他研究组织变革的相关理论，其应用范围更为广泛。在此基础上，Argyris（1962）用三段论来解释组织环境中人际关系变化的现象，并将变革概括为两种基本的形式：一种是在组织经验范围内的变革，属于增量变革；另一种则是通过全新的方法，在深度和广度两方面同时进行的变革，属于根本变革。

Mosher（1967）提出组织结构有计划的改变构成组织变革，包括职位的增加、任务的重新安排、现职人员的更替、组织预算的增减等，但 Mosher 对组织变革的阐述在一定范围内仅局限于组织结构的变化。Beckhard（1969）将组织发展正式定义为组织变革的更为广泛的构念，他在借鉴 Lewin 和 Weiss 的解冻—变革—重新冻结三段论的基础上，将一个组织必须经历的变革阶段定义为现状阶段、过渡阶段和未来阶段。

原有的与组织变革相关的研究多数局限在组织结构的变化方面，而 Friedlander 和 Brown（1974）的研究打破了这一局限性，将组织变革的内涵延伸到更多层面，如知识技能、组织沟通、组织文化的变革等。Herold 和 Fedor（2008）认为组织变革是通过对现有工作例程和策略做出改变进而对整个组织产生影响的过程。变革的目的在于通过引进新的技术、调整工作流程、重塑企业文化以及兼并和重组等方式来提升企业的创新能力和生产效率（Kotter et al.，2002）。国内学者王重鸣等（2006）也认为组织变革并不是单一层面的变革，而是着眼于整体的系统性、层次性的变革，涉及企业的方方面面，是一个复杂动态的过程。

2. 组织变革的内容

从组织发展的角度来看，变革本身是基于行为科学理论、价值观、组织策略以及技术，通过对组织工作和组织成员的工作行为实施变革措施，以达到提升企业绩效和实现个人发展的目的（Porras and Robertson，1992）。

组织究其本质是由战略、结构、制度、文化等子系统形成的具有开放性的动态复杂系统。组织在面对内外部环境的不断变化时，需要对基本子系统进行调整、改变，并与外界环境进行物质、能量、信息等方面的互通，以实现自身的生存和发展，更好地实现组织目标并增强企业的竞争力。根据变革范围的不同，可以将变革划分为在现有框架下的推进式变革和打破原有框架、对系统进行较大且快速调整的激进式变革（Porras and Silvers，1991；Weick and Quinn，1999；Cady and Hardalupas，2011）。推进式变革体现了一种循序渐进、稳定的变化，使组织逐步适应不断变化的环境。激进式变革则是突发的、激烈的且大规模覆盖组织内部的全面性变革，使整个组织，包括组织策略、组织结构、核心流程、权力分配、控制系统、企业文化以及员工安排快速变革，是企业快速应对不确定环境的一种表现形式。Porras 和 Robertson（1992）进一步将组织变革划分为发展性变革、进化式变革、转型性变革以及革命式变革。Krysinski 和 Reed（1994）认为时间是衡量组织变革最重要的变量之一，"时间"这个维度在实行组织变革过程中起到了极为重要的作用。在前人的研究基础上，Christina（2002）基于对案例的研究，从普遍性（组织变革产生影响的程度）和时间（长期和短期）两个方面对组织变革创建了一个新的分类。Christina 认为短期的变革指 12 个月内的变革，长期的变革则是超过 12 个月的变革。革命式变革意味着制度上的根本性变化以及组织流程的改变，进化式变革则是在现有的组织系统和组织流程上加以改进。笔者根据相关文献将较为典型的有关组织变革的定义归纳于表 2 - 2。

表 2 - 2　组织变革的内涵

研究者（年份）	内涵
黄文富（2012）	组织变革是由管理技术手段和计算机网络信息技术的不断突破而引发的对组织固有的运行机制的革新

续表

研究者（年份）	内涵
Bartunek（1984）；Fugate 等（2008）；Huy（2012）；Kiefer（2005）	组织变革是企业员工由"情感事件"（affective events）的爆发而带来的一系列强烈而持久的情感反应
Dunphy（1996）；Czarniawska-Joerges（1996）	组织变革通常是由人们创建适应性组织的失败而引发的行为科学和相关管理方法的革新
Porras 和 Robertson（1992）	组织变革是一组基于行为科学的理论、价值观念、组织策略以及技术，目的在于促进个人发展，通过改变组织成员的在职行为来提升组织绩效

资料来源：笔者根据相关文献整理。

任何组织想要在日益复杂多变的竞争环境中生存下来，就必须审时度势，根据内外部环境的变化调整组织战略、结构和文化。但是，盲目的变革也会给企业带来毁灭性的打击，因此变革应当在科学的组织变革理论的引导下有计划地进行，以适应客观发展的需要。组织理论中关于变革的理论主要包括结构惯性理论、组织适应理论和随机转变理论，这些理论包含了大量对组织变革的分析，其中组织适应理论又可以分成权变理论、资源依赖理论、企业规制理论和适应战略理论四个方面，这些理论从不同视角阐述了战略变革和组织变革。笔者根据相关文献将组织理论中关于变革的主要学派和观点整理如表 2-3 所示。

表 2-3　组织理论中关于变革的主要学派和观点

组织理论	代表人物	研究结论
结构惯性理论	Hannan 和 Freeman（1984）	企业结构惯性压力大时，更适合采用"环境选择"的研究视角

续表

组织理论		代表人物	研究结论
组织适应理论	权变理论	Luthans（1973） Galbraith（1973） Lawrence 和 Lorsch（1968） Donaldson（2001） Daft（2002）	环境、内部结构和业绩间存在强相关关系，将组织内部结构特点与外部环境要求匹配的组织，将取得最好的业绩
	资源依赖理论	Aldrich 和 Pfeffer（1976） Pfeffer 和 Salancik（1978） Zott 和 Amit（2007）	管理者常常以减少依赖和控制关键资源的方式行事
	企业规制理论	Scott（2000）	强调正式结构与制度环境之间实现匹配的必要性
	适应战略理论	Andrews（1971）	管理者利用基本一致的战略，寻求组织资源、能力与外部环境之间的匹配
随机转变理论		Cohen、March 和 Olse（1972）	变革与管理意愿或环境要求几乎没有关系。将组织看成因果模糊和复杂的环境，变革是为了响应无理性的内生过程而发生

资料来源：笔者根据相关资料整理。

3. 组织变革的过程

著名管理学家 Lewin 首次提出了奠定组织变革理论基础的三段论，即"解冻—变革—重新冻结"（Lewin，1939）。该理论通过力场分析法探究组织变革现象以及组织变革产生的原因。任何变革过程都始于解冻，当组织外部环境和内部条件发生变化，旧的行事方式不再适用变化后的组织时，组织必须主动做出适应性的改变。"解冻"作为组织变革的基础，为组织变革带来激励与动机，鼓励员工面对变化后的组织，认清新的现实，改变原有的行为方式以及工作态度，采取适用组织的新的行为方式和工作态度（王重鸣，2011）。"变革"作为组织变革的关键环节，伴随着新的理念、行为方式和员工工作态度的改变，为组织带来新的愿景以及实现愿景所需要的具体步骤。"重新冻结"是变革成功的保障，并对变化后的行为方式和员工工作态度进行巩固，该阶段也是对组织变革成果的巩固。三段论为后续很多学者提出有关组织变革过程的新模型奠定了坚实的基础。

在三段论的基础上，Judson（1991）提出五阶段变革模型，五阶段分别是：①对组织变革的实施进行周密分析和详细计划；②组织成员对变革中出现的状况进行积极有效的沟通；③组织成员认可为实现变革目标而进行的新的组织行为；④拓展组织成员的沟通渠道，建立多种有效的沟通渠道；⑤巩固变革成果，并使变革制度化。

与 Judson 的五阶段变革模型类似，著名的变革管理学家 Kotter 于 1995 年提出了八阶段变革模型，这八个阶段分别如下。①树立危机感。根据组织的市场状况和竞争环境，识别会给企业带来的潜在危机与未来机遇，不断重塑危机意识。②建立变革领导小组，创建有力的领导联盟来领导企业实现变革。③设计变革愿景与战略。主要帮助企业制定规划，辅助企业实现变革。④沟通变革愿景。利用媒体、变革领导小组的示范，与组织成员进行与组织愿景相关的深度沟通。⑤授权实施行为。鼓励组织成员为达到企业目标而做出努力，在这一过程中组织也会对有损企业发展的规划进行调整，为组织变革扫除障碍。⑥系统计划并巩固短期收益。为有形的绩效提升做出规划，并奖励为绩效改进做出贡献的组织成员。⑦推动组织变革。持续地对组织的战略、结构、制度以及文化进行改进，聘用以及晋升为实现企业愿景而做出努力的组织成员。⑧通过文化和制度巩固变革成果，将新行为模式根植于企业文化中。

整体而言，Lewin 的三段论更加注重组织变革的整个过程，强调组织变革的过程性；Judson 的五阶段变革模型从企业层面出发，以五个紧密相连的组织变革流程为变革重点；Kotter 的八阶段变革模型形成了一整套关于变革的具体方案以及操作措施。组织变革的过程模型如图 2 - 4 所示。

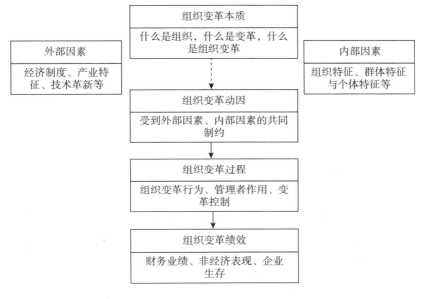

图 2 - 4　组织变革过程模型

资料来源：笔者根据相关文献整理。

四　战略选择理论

战略选择理论是在与权变理论的宿命论（fatalism）的论战中形成的。进入 20 世纪末期以来，战略选择理论得到了持续发展，并不断添加了新的因素。战略选择作为组织其他战略要素的前提，并不涉及具体的战略规划和应对措施，而是要求企业管理者着重把握组织战略的宏观方向，将组织的日常工作与组织的长期愿景结合起来。

合宜的战略选择不仅能促使企业管理者在应对不断变化的外

部环境过程中把握和开发有利于组织发展的机会，同时也有利于整合组织内部特定的资源并促进组织能力提升（Barney，2001；Brush et al.，2001）。无论是外部环境变化带来的组织对新机会的识别还是内部资源和能力对企业绩效与竞争优势的影响，本质上都是企业做出的不同战略选择（李海舰、聂辉华，2002；Sirmon等，2007）。企业的战略选择表现在对外部机会的开发、对特有资源的利用以及竞争战略选取等方面，而企业的战略选择也在一定程度上对企业绩效及长期竞争优势产生重要影响（Kerin，1992；Niosi，2003）。

1. 战略选择理论的来源及发展

美国管理学家 Bain（1956）提出"结构—行为—绩效模型"（Structure-Conduct-Performance Model，简称"SCP 模型"），Bain指出市场结构能够引导企业行为，通过企业行为最终又会影响企业绩效。美国管理学家 Chandler（1962）在《美国工业企业史的考证——战略与结构》一书中，将 Bain 的 SCP 模型运用到对战略决策的分析中，揭开了战略选择决定因素与产业结构之间关系研究的序幕，开创了战略管理领域的 SSP 范式，即战略—结构—绩效范式（Strategy-Structure-Performance Paradigm）。Chandler 指出，组织结构的变化滞后于企业战略的变化，而企业战略的变化最终将导致组织结构的变化，组织环境、结构以及运作模式的变化可以通过战略选择进行变更。因此，企业应当在建立一套适应本企业的战略基础上，创建适应战略的组织结构。在 Chandler 的理论贡献基础上，Child（1972）在《组织结构、环境与绩效：战略选择的作用》一文中对"战略选择"（Strategic Choice）的概念做了界定，认为战略选择是组织管理人员对涉及组织运营规模、技术、组织结构以及对特定资源的开发利用等多个方面的战略行为的决

策过程。Miles 等（1978）提出了适合企业自身发展周期的四种
战略类型即预见型、防御型、分析型和反应型，此分类方法本质
上是重点关注企业长远发展而采取的基本定位方法。后续学者对
战略类型也进行了不同的分类，如表 2－4 所示。

表 2－4　战略类型的分类

代表人物	时间	分类
Miles 等	1978 年	预见型战略
		防御型战略
		分析型战略
		反应型战略
Mintzberg 和 Waters	1985 年	刻意战略
		即兴战略
Covin 和 Slevin	1989 年	主动战略
		反应性战略
刘俊	2004 年	稳定型战略
		增长型战略
		紧缩型战略
		混合型战略
De Wit 和 Meyer	2010 年	刻意战略
		即兴战略
		预期战略
		未实现战略

资料来源：作者根据相关资料整理汇总。

　　Porter（1980）提出了战略选择理论的主导理论——竞争定位
理论，指出产业结构在决定产业内竞争状态的基础上，进一步决
定企业的战略选择行为，并对企业绩效产生决定性的影响。Bar-
nard（1938）和 Ma 等（2016）提出了企业对组织外部机会的利

用能力和企业调动组织成员积极性的能力构成了组织生存发展的必要条件。在 Barnard 理论的影响下，资源学派和能力学派逐渐发展起来。资源学派提出企业可持续的竞争优势建立在其独特的资源基础以及在竞争环境中配置这些资源的能力上（Barney，1996）。因此，资源学派认为具有异质性的有价值的资源是企业在竞争市场中获得垄断地位和长期超额利润的基础和前提。以印度著名管理学家 Prahalad 为代表的能力学派则提出组织内部的能力是构成企业竞争优势的源泉，强调企业竞争战略的制定和施行必须以企业生产过程中的特有能力为根本出发点（Prahalad and Hamel，1990）。在资源学派和能力学派的启蒙下，结构权变理论（Structural Contingency Theory）提出企业的战略决策受到企业内部资源、能力、知识等各种条件的制约（Donaldson，1996）。Teece（1997）指出企业在不断变化的外界环境中想要获得持久的竞争力，应当在发现外界变化带来的威胁与机遇以及其他企业的战略竞争后，及时制定实施与企业内部独特资源和组织能力相匹配的战略并适时加以调整。因此，按照竞争优势的来源可以将战略选择的决定因素分成两类：一是从外部环境的角度强调外界环境的机遇与威胁以及其他企业的战略竞争；二是从内部资源和组织能力的角度，认为战略的实质就是在合理配置企业内部资源的基础上，整合企业各种能力以适应竞争环境的突变，从而获取并维持可持续的竞争优势。企业在面对战略选择时所具备的对外部因素和内部约束条件的认知是制定良好发展战略的前提，在此基础上形成的战略规划可以实现企业获取超额利润的核心目标。

笔者根据相关文献将战略选择模型整理为如图 2-5 所示。

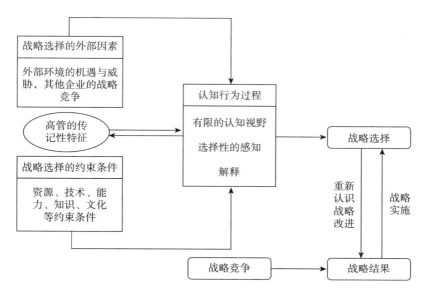

图 2 - 5　战略选择模型

资料来源：笔者根据相关文献整理。

综上所述，战略选择理论的基本观点认为组织为达到自己的目标，将以一种自我调节、负反馈的方式适应环境或通过组织自身的力量改变环境。企业的战略选择过程是系统性、互动的战略过程，在组织的战略选择过程中，管理者是组织决策的最后决定者，在这一过程中起到了至关重要的作用。

2. 领导者在不确定环境下认知行为与战略选择之间的关系

面对经济全球化的日趋加强，信息的稳定性已经逐渐被不确定性所取代，后者已然成为企业所处环境的重要特点。在企业竞争能力以及资源禀赋既定的前提下，深刻把握不确定性环境为企业带来的机遇，将成为企业主动获取动态竞争优势的关键（李海舰、聂辉华，2002）。企业能否适应这种环境突变，已经成为其能否在激烈的竞争中取胜的关键。在不确定环境下，企业会以不同的方式行事并做出选择与取舍，而企业领导者的认知行为作为取舍的本质处于企业战略选择活动的核心位置。

　　Hambrick 和 Mason（1984）提出的高层梯队理论系统阐述了高管团队认知行为即领导者的传记性特征对战略决策制定的重要性，这种认知行为可由团队成员的人口统计特征推断出来（Hambrick & D'Aveni，1992）。高层管理者作为企业的领导者，其认知行为是企业经营活动的核心，其人口统计特征在战略选择过程中发挥重要作用，决定企业领导者在不确定的环境下能否做出适宜的战略选择，该过程是高层管理者选择与其自身利益相关领域的过程，这种认知行为对战略选择具有决定性意义。高层管理者的认知行为影响战略选择过程，体现在以下三方面：首先，认知行为受限于高层管理者的视野及其所处环境；其次，由于高层管理者仅会对与其自身发展相关的事项保持高度的警觉性，而忽视那些与其发展非直接相关的领域，因此其认知行为是一个战略选择过程；最后，高层管理者注意到的信息都是通过认知过滤后筛选所得的信息（王健辉等，2007）。可见，经过滤后保留下来的信息才是真正能引起高层管理者注意的信息。此外，高层管理者的洞察力、价值观以及所处的环境也会对其认知行为产生重要影响。Wiersema 和 Bantel（1992）通过对 87 家美国上市企业的实证研究表明：不同的洞察力、价值观以及认知基础会影响企业的战略选择和组织竞争行为，即领导者的认知行为（领导者的传记性特征）直接影响组织的竞争行为。其中，传记性特征主要包括年龄、心理因素、经验因素等，这些因素会影响战略选择与组织绩效，领导者不同的认知基础、价值观、洞察力以及这些特质的作用过程会影响企业的战略选择倾向。因此，Wiersema 和 Bantel 认为平均年龄较低、团队平均任期较长、学历较高与专业化差异性较大的高层领导团队更容易采取新的战略。

第二节 高管警觉性与企业财务绩效文献梳理

一 竞争张力相关研究

在企业以及市场策略的大量研究中，美国管理战略学家 Porter（1980）提出的五力分析模型得到了广泛认可与应用。他指出，行业中存在着决定竞争规模和程度的五种力量，即供应商和购买者的讨价还价能力，潜在进入者的威胁，替代品的威胁，以及同一行业的企业间的竞争。竞争强度是五力分析模型中的重要因素之一，在理论上仍然局限于行业层面。在分析行业竞争方面，传统的战略群组方法在很大程度上忽略了竞争者双方的市场范畴与两者的竞争关系，主要限于分析竞争对手、竞争品牌或个别市场层面而不是企业层面。其他的方法通常代表高抽象程度并且主要依赖经理或研究人员的主观感受，这往往会导致偏离市场上的竞争行为。

竞争张力理论的发展缘由在于，过去强调知觉取向的战略群组与竞争群组等分析假设企业属于同一战略或竞争组，认为处于同一战略组的企业实际上是同质的，或将它们分类为直接或核心的竞争者（Porac et al.，1995），但处于同一战略组的企业实质上是异质的。Chen 等（2007）系统地说明了竞争张力的组成，并准确地指出竞争张力是竞争者持续地向对手施压而形成的一种可以爆发成公开竞争行动与对抗的潜在压力，是一种让敌对的双方由静态关系转变为动态交战行为的累积性压力，可能引发企业采取行动对抗竞争者，因此 Chen 认为企业是否展开与特定对手的竞争，关键取决于企业的高层管理人员以及作为顾问和财务分析家的行业利益相关者是否觉察到竞争张力的存在。Chen 在后续的研究中讨论了影响竞争张力的相关变量，如企业的相对规模、竞争对手的攻击量等，其基于 AMC 理论对竞争对手的能力进行了预测，评估与衡量了企业与竞争者之间的竞争张力，同时整合了之前关于竞争行动的特质、信息处理、竞争性行动和回应与绩效的关系、竞争者特质与绩效的关系的研究，并将这些作为竞争张力测度与运用的基础。

二 警觉性相关研究

奥地利经济学家 Kirzner（1978）首次提出了警觉性的概念，认为警觉性就是信息的搜寻、识别与评估行为。其认为创业者依靠他人不具备的能力可以迅速识别和察觉在不完善的市场以及不灵敏的价格体系条件下达到均衡状态时显现的商业机会，并对这种机会做出迅速回应，因此，Kirzner 认为只有警觉性高的企业家才能发现并利用机会获得利润。Kirzner 提出的警觉性概念激发了大量学者对警觉性问题的关注，很多学者在其研究的基础上扩大了警觉性的内涵。Kaish 等（1991）将警觉性定义为企业家为了提高遇到机会的概率，将自己置于信息流中。在前人的研究基础上，Hisrich 等（2007）指出警觉性影响了机会识别的可能性，警觉性的高低与机会识别的概率正相关，即警觉性越高，机会识别的概率就越大。国内学者苗青（2008）对中国情境下的企业家警觉性进行研究，也得出了警觉性与机会识别概率显著正相关的结论。Ray 和 Cardozo（1996）拓展了警觉性的外延，将警觉性定义为一种特殊的感知能力，是对物体、事件、行为、未被满足的需求等信息的一种倾向，管理者只有对这些信息保持高度警觉才能快速识别出新型的资源组合，从而使企业基于外部市场环境和内部自身现状，寻求资源对企业战略目标的匹配性。Kirzner 在之前研究中忽视了企业内、外部资源的组合创新问题，Ray 和 Cardozo 的研究在一定程度上弥补了这一不足。Gaglio 等（2001）对警觉性进行新的赋意，指出警觉性是一种慢性心理图式（Chronic Schema），具有较高警觉性的企业家会对信息加工图式的关键特征极为敏感，可以在模糊情景中激活图式并且对不符合现有图式的信息进行反应，从而迅速识别出对企业有利的潜在机会。Gaglio 等的研究使警觉性在组织变革研究中受到重视。Gaglio 等（2001）的研究也指出成功的企业家应当具备警觉性的三个关键要素，即对市场环境有正确的认识、能识别关键的驱动因素以及推断要素间的动态关联性。具备高警觉性的管理者拥有复杂且具有适应性的心智框架，更容易跳出固有的思维模式（Baron，2006）。Cho 和 Hambrick（2006）通过对美国 35 家航空公司在放松规制后的变化进行考察后认为，高管对行业变化的警觉性对航空业发展起着至关重要的作用，是航空业实施战略变革的关键驱动因素。Cho 和 Hambrick 的研究使管理学家将对创业者的警觉性研究拓展到对高管的警觉性研究上。企业高管作为企业运营的关键人物，是实现企业目标的执行者，具有警觉性的高管在应对市场变化和外界挑战时具备敏锐的洞察力，能对新机会与资源进行识别并且对商业前景做出具有前瞻性的预测。

通过对相关文献的梳理可以发现，现有的警觉性研究主要基于注意力基础观、创业行动理论、社会认知理论和组织变革理论四种视角，本书将从以下四个视角分别进行阐述。

1. 注意力基础观视角

注意力基础观是管理学和组织行为学的重要理论观点，该观点认为注意力是企业的一种管理资源，有效地引导、组织和配置注意力资源能够提升企业的组织适应能力，是企业管理行为的核心问题。注意力基础观认为组织的行为是组织引导、配置管理者注意力的结果，这种注意力集中体现在组织如何有效配置并利用企业的注意力资源，从而识别企业机会。该观点认为警觉性是注意力形成的一个必要条件，是有效配置注意力的关键因素（Oca-sio，2011）。因此，对机会信号与刺激物有所警觉是个体对潜在机会保持足够注意的前提。

2. 创业行动理论视角

创业行动理论是继创业机会理论后创业研究领域的主流理论，该理论认为，创业的核心内容是采取行动（Gartner，1990；Tim-mons and Spinelli，1999；McMullen and Shepherd，2006）。Tim-mons 和 Spinelli（1999）从创业行动过程视角指出在动态变化的环境中及时调整创业行动的重要性，认为创业行动是在动态环境中实现机会、团队、资源三个驱动因素平衡的过程。Frese（2007）指出，行动调节不仅包括对机会的识别，还包括对资源配置等多个方面的调整。其他研究者从资源配置的角度指出，创业者在资源约束条件下必须对身边的资源及其潜在价值保持警觉，以确保对它们的及时发现和利用（Baker and Nelson，2005；董保宝、葛宝山、王侃，2011）。因此，创业者除了要具备机会警觉性外，还需要对有价值的资源保持高度的警觉性。

创业行动理论拓展了创业警觉性的研究范畴，把之前仅聚焦于创业机会要素的创业警觉性研究拓展到了创业团队和资源等创业要素的研究。

3. 社会认知理论视角

Gaglio 和 Katz（2001）指出创业警觉是一种慢性图式，它包括正确理解市场环境、识别关键要素以及驱动因素、判断各个要素间的动态关系三方面内容。在此基础上，Gaglio（2004）进一步研究发现识别和开发创业机会的两个重要机制即心理模拟和反事实思维。Baron（2004）认为提升调节点能够引起创业者的警觉性，其整合分析了机会识别过程，结果发现：当个体处于警觉状态时，更容易偶然发现机会。Baron（2004）提出创业过程研究的三个关键认知因素——创业决策、创业机会识别和创业成功，并且运用信息加工、信号检测、调节点和创业警觉四种不同理论考察了这三个因素。

基于社会认知理论的创业警觉研究准确界定了警觉性在创业机会识别与发现过程中的作用。

4. 组织变革理论视角

组织变革理论视角下的创业警觉性研究拓展了警觉性研究的范畴，从传统的关注个体创业者拓展到关注企业组织特征与过程，从关注企业新机会的发现拓展到对企业异常现象和潜在威胁的识别。组织变革理论认为：创业企业不仅在创业初期需要关注创业警觉性，在企业成长发展期也需要时刻保持警觉性（Pentland，2003）。Miller（1983）认为，企业为了构筑可持续竞争优势，必须不断地开发新机会来应对客观变化的环境。Li 等（1999）通过对中国 1080 家企业的实证研究发现，警觉性促进了企业的战略变革。Hage（1999）研究发现，外部环境的变化给企业带来的新机会将直接引发企业的组织变革，社会运动引起的效率与理性也会带来组织变革机会。

三　组织变革策略相关研究

变革是企业的灵魂，是提升企业短期竞争力以及保障企业长期生存所采取的必要的战略行动。组织变革作为组织管理的核心组成部分，是企业的一个永恒话题，是维持企业活力的重要举措。Michael（1982）把组织变革定义为组织在应对外界环境的变化时为保持竞争优势以及存续发展，而对组织自身进行及时调整的活动及其过程。Daft（1998）认为组织变革是组织采用新的行为模式或思维的过程。Burke（2008，2017）将组织变革定义为组织领导者经过周密的决策而采取的对组织系统的修正。Thomas 和 Carnall（2008）认为组织变革以企业绩效的提高为目标，组织变革背后隐含着业绩评价、利益分配等方面的问题，而变革的对象包括组织成员、文化以及管理风格等组织构成要素。由于变革是一个庞大的系统工程，不仅仅是组织架构、管理模式以及流程的问题，也不仅仅是头疼医头、脚疼医脚的改良式变革，变革是一种综合治理，涉及企业运营、管理等多方面，不仅要关注对组织结构等硬件方面的变革，更要关注对企业内部员工行为、企业文化的变革，在满足组织需要的同时，也要为组织成员带来既定的利益。因此，策略对组织变革起到至关重要的作用，而不同的变革内容对应着不同的变革策略，变革发动者通过选择有效的竞争性策略，能够及时获取维持企业生存所需的必要资源，并带动企业内部的技术以及管理革新，使自身得到良好的发展。

Diclemente 等（2004）认为知识管理策略在组织变革中起到极为重要的作用。知识管理策略是指变革发动者有关变革的知识架构及其在变革过程中所选择的与变革相关的知识（Imran et al.，2017）；个性化策略主要是指变革发动者亲自或者以小组形式详尽阐述与变革有关的实质性内容，并向员工提供便利条件直至员工能适应变革后的企业环境；变革发动者通过宣传册等方式向员工传递有关变革的讯息并激励员工实施变革的策略被称为编码策略（Scheepers et al.，2004；Kumar and Ganesh，2011）。大多数组织并不会采用单一策略来实施组织变革，而会将知识管理策略、个性化策略和编码策略有机结合，以应对企业发展过程中所处的特殊情境（Cole et al.，2006）。

在众多的组织变革策略分类中，Dunphy 和 Stace（1992）提出的组织权变模式（Contingency Model of Organizational Change）与组织环境、组织绩效等变量紧密相关，此模式以变革规模及变革领导风格为组织变革策略的两个层面。而且，二者之间紧密相关：当组织整体适应市场发展但仍需少量调整，或组织整体不适应发展但时机成熟并且主要利益集团偏向变革时，组织采取的是参与进化策略（Participative Evolution），此时的变革规模较小且采用合作咨询的领导风格；当组织整体不适应市场发展，并且组织内部支持根本性变革时，组织采取的是魅力转型策略（Charismatic Transformation），此时的变革规模较大且采用合作咨询的领导风格；当组织整体适应市场发展但仍需少量调整，或组织整体不适应发展但时机成熟，而主要利益集团反对变革时，组织采取的是强迫进化策略（Forced Evolution），此时的变革规模较小且采用强制的领导风格；当组织整体不适应市场发展，并且组织内部排斥根本性变革，但变革对企业的生存和发展至关重要时，组织采取的是独裁转型策略（Dictatorial Transformation），此时的变革规模较大且采取强制的领导风格。本书对组织变革策略的维度划分也是基于 Dunphy 和 Stace 对此分类的研究。

四　企业财务绩效相关研究回顾

1. 企业财务绩效的概念界定

绩效，从经济学角度被定义为在特定的资源、条件和环境下，对组织目标的实现程度与组织效率的衡量和反馈，是组织创新所实现的净现值，包含业绩与效率。从管理学的角度看，绩效是为了实现组织目标而呈现在不同层面的有效输出，是组织期望的结果，在对绩效进行评价时，不仅要考虑企业以前的生产经营状况，还要对企业未来的发展进行准确的预测。

企业财务绩效被用来评价企业经营与发展的结果，考察企业战略的实施能否为企业的经营业绩做出贡献。目前，学术界对企业财务绩效的概念界定还存在着一定的争议，有的学者认为企业财务绩效是企业生产、经营的最终成果，还有部分学者则认为企业财务绩效是企业经营的过程及产出的结果。本书总结了相关学者对企业财务绩效的概念界定，如表2-5所示。

表2-5 企业财务绩效的概念界定

学者	年份	定义
Bernardin	1984	绩效是对在特定时间段和特定工作或活动中产生的结果的记录
Ruekert、Walker 和 Roering	1985	绩效体现在三个方面：第一，效率，即投入与产出的比率；第二，效果，即产出在市场的竞争情形，通常用销售成长率、市场占有率来衡量；第三，适应性，即企业遭受到威胁以及面对外部机会时的应变能力
Campbell 等	1990	绩效是行为的同义词，它是能够被洞察到的一种实际行动
Man	2001	赢利性和成长性形成企业绩效。企业赢利性主要反映企业目前的赢利水平，主要衡量指标有净利润满意度、投资回报满意度等；企业成长性主要反映企业未来的成长潜力，包括市场占有率、营业额增长率等
张兆国等	2002	绩效是企业经营绩效和经营者绩效的综合，是一定时期内的工作行为、方式、结果及其产生的客观影响
马璐	2004	绩效是过程和结果的集合
冯丽霞、张琪	2007	绩效包括两个方面，一种是以结果为导向，另一种是以行为为导向，体现了绩效的结构性和过程性的特点
林新奇、裴春玲	2010	绩效是产出和行为的结合体

续表

学者	年份	定义
陶冉	2012	根据计算方法的不同，财务绩效变量可分为绝对值变量和相对值变量，绝对值变量主要包括销售收入、所得利润等，相对值变量则包括利润率、回报率等

资料来源：笔者根据相关文献归纳整理。

2. 企业财务绩效的评价方法

企业财务绩效评价能从客观角度帮助管理者明确企业所面临的经营风险以及未来成长空间的大小，并且能够帮助企业投资者对运营状况形成准确的判断，进而做出正确的投资规划。

企业各项财务指标是财务绩效评价的基础，通过对各项财务指标的分析与比较，能对企业绩效做出适宜的评价。财务绩效评价方法将财务指标和非财务指标区分开来，将指标限定在财务的范畴，更为直观地反映了企业投入与产出的关系。目前，国内外应用较为广泛的财务绩效评价方法主要集中在以下几种，如杜邦分析法、EVA 评价体系、沃尔评分法、多元统计分析法、利益相关者评价法、托宾 Q 比例分析法等，以下将介绍几种典型评价方法的理念与思路。

（1）杜邦分析法

该方法的基本思想是将息税前利润分解为两部分即赢利能力指数（净利润率）和偿付能力指数（权益乘数）。在此基础上，净利润率和权益乘数将继续逐步分解，使资产负债表与利润表有机地结合起来，从而得到一个完整的指标体系。

该方法的优势体现在以下三个方面：第一，财务指标分析所需的数据相对容易获得；第二，计算方法相对简单；第三，杜邦分析法有一个非常严密的逻辑，使财务比率有明确的层次结构，以促进对企业资产管理效率和投资回报率的理解与把握。该方法的缺陷体现在以下三个方面：第一，只反映过去的业务信息，有明显的滞后性；第二，侧重于短期财务结果，很容易使企业为了短期利润的虚增而产生短期行为，因此容易忽略企业长期价值的创造和可持续发展；第三，无形资产的估值是杜邦分析法尚未解决的问题。

（2）沃尔评分法

该方法涉及七个最基本的财务比率，每个财务比率都被赋予了不同的权重，在确定标准比率值后，就可以将实际比率同标准比率对比得到相对比率值，将相对比率值与各指标权重相乘，就可以得出线性方程的评分结果，并以此结果来测评目标企业的财务状况与经营状况，进而衡量企业的信用情况。

该方法的优点是综合考虑了企业整体的财务状况，得到了广泛的应用，缺点有如下两个方面：其一，沃尔评分法选择七个财务比率，但没有给出选择的凭据，并且确定权重时没有科学依据，极为主观，所以可能造成会计操纵行为；其二，沃尔评分法无法解决七个指标中某个单一指标出现异常对整体评分结果的影响，进而导致最后的评估情况受到影响。

（3）多元统计分析法

多元线性回归与相关分析、多元方差分析、因子分析、主成分分析、判别分析以及聚类分析等方法构成多元统计分析法，其核心思想是通过分析各随机变量数据及其相互关系的方式来探索各研究变量间的内在规律。

该方法具有两个方面的优势：首先，多元统计分析法适合对上市公司财务绩效的评价，尤其是对财务业绩变化和影响因素的评价；其次，这种评价方法可以选择多个财务指标作为研究对象，覆盖面很广，可以弥补单一指标的主观性和随机性缺陷，大大提高了评价的客观性和可信度。该方法的缺陷体现在以下两个方面：首先，由于企业产出间具有较强的相关性以及产出的多元性、复杂性的存在，所以很难明确哪些产出可以作为财务绩效评估的合适指标；其次，指标之间权重的确定直接影响企业财务绩效的评价结果，一方面会导致对某些因素过高或过低的估计，使评价结果不能很好地反映真实的绩效，另一方面也会使评估对象片面追求权重较高的指标或进行数据操纵，虚增某些绩效指标。

（4）利益相关者评价法

利益相关者评价是指为了实现企业的生产经营目的，根据利益相关者的利益要求，通过设定特定的指标、标准、综合模型，对企业一定经营期间内利益相关者的满意程度进行客观、公正和准确的综合评价，帮助利益相关者进行有效决策，引导企业改善经营管理，提高经营水平。

该方法的优势体现在以下四个方面：第一，对于完善企业绩效评价理论具有重要作用；第二，有利于协调利益相关者之间的利益冲突，建立互信、诚信、双赢的合作机制；第三，有利于利益相关者做出正确的投资决策；第四，为企业绩效评价体系的设置提供参考。该方法的缺陷体现在以下两个方面：第一，利益相关者评价法的核心是引导企业的经营行为，而在这一系列的评价方法实施过程中，该效果并不显著，主要原因是缺乏有效的引导和沟通；第二，对应的评价体系不够完善，不利于对企业生产经状况进行监测预警以及对企业发展程度进行科学评判。

（5）托宾 Q 比例分析法

托宾 Q 比例即企业的市场价值与资产重置成本的比值，是衡量公司业绩表现或企业成长性的重要指标，多用于衡量上市公司的成长趋势。

该方法的优势体现在以下两个方面：第一，利用托宾 Q 比例可以同时观察到两个市场，沟通了虚拟经济和实体经济，将资本市场与实体经济联系起来；第二，托宾 Q 比例容易测量。该方法的劣势主要是我国的股票市场不能够满足市场的要求，股票市场上股票并不是完全流通的，因此股票价格不能真实地反映其价值，导致托宾 Q 比例的计算出现偏差。

第三节 本章小结

本章对相关理论基础与文献进行了系统的回顾与梳理。首先，对动态竞争理论与 TMT 相关理论的内涵与发展进行了回顾；其次，对组织变革理论进行了系统回顾，从组织变革理论起源、内容以及过程视角进行梳理；最后，对战略选择理论的内涵以及发展过程进行了系统阐述。本章为整个研究提供了理论基础。此外，在文献综述方面，对竞争张力、警觉性、组织变革策略以及企业财务绩效的相关研究现状进行了梳理。

从现有的文献与理论研究来看，学者们对竞争张力直接效应的研究匮乏。此外，从高管警觉性角度出发，探究其对企业财务绩效影响的实证分析也比较匮乏，更鲜有学者对高管警觉性与组织变革策略的关系进行深入的理论与实证研究。同时，现有研究仅将竞争张力作为控制变量进行研究，但鲜有学者将竞争张力作为调节变量进行研究。

本章在对理论基础进行回顾的基础上，对四个变量——竞争张力、高管警觉性、组织变革策略和企业财务绩效的研究现状进行了梳理与总结。

第三章

高管警觉性与企业财务绩效的
研究模型与假设

第二章对本书的理论基础进行回顾梳理，并对竞争张力、高管警觉性、组织变革策略以及企业财务绩效的研究现状进行了综述。本章的目的是构建关于四者关系的理论框架，并进行研究设计。本章以第二章的理论以及关于竞争张力、高管警觉性、组织变革策略、企业财务绩效的文献综述为基础，进一步探讨竞争张力、高管警觉性、组织变革策略以及企业财务绩效四个要素的内涵及相互关系，以此为出发点，围绕四个要素进行理论研究，为后文的假设提出以及实证检验奠定理论基础，以证实四个要素间的相互关系、组织变革策略在高管警觉性与企业财务绩效之间所扮演的媒介角色以及竞争张力的调节作用给企业财务绩效带来的影响，为后文的实证研究奠定基础。

第一节　研究模型的变量内涵界定与维度划分

一　竞争张力的内涵及其维度

1. 竞争张力的内涵

张力，是指使竞争对手间的关系由静态转化为动态的一种力量，反映了彼此钳制下的短暂均衡。当张力增强到足以将彼此的静态关系转化为动态关系时，彼此间的稳定关系就不复存在（Chen and Miller，2012）。Chen 等（2007）指出竞争张力可以使竞争双方的关系由静态转变为动态"交战"，即可以引发双方的公开竞争行动与对抗。这种压力打破了竞争者之间的稳定态势，引发了竞争者之间的敌对行为，造成了彼此间局势的紧张。最终，均衡必将被打破，企业展开敌对性的行动，动态竞争替代均衡成为企业间关系的主旋律。

在此基础上，Chen 将竞争张力定义为可能引发企业采取行动对抗竞争者的一种压力。在市场共同性和资源相似性两个驱动因素的影响下，进攻企业在发动竞争行为前，需将竞争者可能的应对行为纳入考量，这样才能获取较为持久的竞争优势。Chen 等（1994）开发了三个竞争性回应预测因素，即知觉、动机、能力，分析了竞争性行动与竞争性回应之间的关系。在此基础上，Smith 等（2001）也认为知觉、动机、能力因子是企业间对抗行动与回应即企业竞争行为的驱动因子。企业高管人员可以利用这三个前因变量来预测企业间竞争张力的大小（Chen，Su and Tsai，2007）。Chen 等（2007）认为动态竞争研究并非以企业发动竞争行动或反击的必要性为主要议题，因为动态竞争理论已经假设在动态竞争下企业若要获取竞争优势必须不断发动攻击或在受攻击的情况下积极回应，其研究的重心应是预测企业何时且以何种方式攻击和反击，以获取最大报酬。因此，如何利用知觉、动机、能力这三个前因变量来测量竞争张力的大小才是动态竞争理论应关注的重要议题。

2. 竞争张力的维度

竞争张力作为可能引发企业采取行动对抗竞争者的一种压力，不仅反映了企业间的竞争态势，更反映了企业对外部变化的回应。根据 Chen 等（2007）以及 Chen 和 Miller（2012）的研究，本书通过以下五个方面来测度竞争张力：①针对同行业的竞争行动，企业会快速地反应；②当企业采取竞争行动时，会事先预测同行业竞争对手可能的回应；③针对同行业的竞争行动，企业通常不会回应；④企业随时掌握同行业的动态，来机动调整企业的竞争策略；⑤企业会快速地解读同行业企业采取某项竞争行动的目的与影响。

二　高管警觉性的内涵及其维度

1. 高管警觉性的内涵

通过本书第二章对警觉性相关研究结果的梳理可以发现，目前学界对创业警觉性的研究已处于相对成熟的阶段，而对高管警觉性的研究仍处在起步阶段，研究框架尚未成形。创业者是企业的领导者，这就使高管警觉性的相关研究必然与创业警觉性的相关研究具有密不可分的关系。在 Kirzner（1978）的研究基础上，Ray 和 Cardozo（1996）将警觉性定义为一种特殊的感知能力，即对主要竞争者的警觉、对市场信息的警觉、对未被满足的需求的警觉以及对资源的新奇组合的警觉。Ray 和 Cardozo 认为高管人员只有对上述信息保持高度警觉才能快速识别出新型的资源组合以及对未被满足的需求。Chen（1996）指出以往竞争者分析研究中波特提出的五力模型只局限于产业分析层面，而战略群组分析方法作为学者较长使用的企业层级竞争者分析方法忽略了竞争者双方的市场范畴与彼此的竞争关系，因此 Chen 在总结概括多点竞争、竞争互动的基础上，提出市场共同性和资源相似性两个概念。Chen 将市场共同性定义为竞争者所呈现的与核心企业在市场配置方面的重叠程度，即在多市场竞争状态下，企业与竞争对手之间具有关联性质的市场数目以及每个单独市场对于企业及其竞争者的重要程度；Chen 将资源相似性定义为一个特定竞争者所拥有的资源在种类和数量上与竞争企业的战略性禀赋相似的程度，这里的资源指企业的有形资产和无形资产。Chen 进一步强调了企业高管人员对外部市场机会以及企业资源保持警觉性的重要性，警觉性的存在促使高管人员关注企业可利用的资源，从而发现市场中的机会，进而获取利润。为了满足日益变化的市场需要并提升企业价值，高管人员将企业内外部资源创造性地结合起来以创造机会。当高管人员洞察了资源的价值而其他人没有发现时，企业机会就显现了。Huang 等（2005）指出，对企业而言，高管警觉性是企业获利的必要前提，高管人员只有具备高度的警觉性，意识到资源的缺口与未满足的需求，才能对企业机会保持高度的敏感性。

基于前人对警觉性的相关研究，本书认为高管警觉性即高层管理人员基于企业现状和外部环境对尚未发掘的市场机会或市场利基的认知，并基于企业战略导向监察企业资源的调配与使用情况以及资源与企业战略目标的"匹配性"。高管警觉性反映了企业高层基于机会和资源对外部环境的理解与认知以及内部战略的调整倾向。

2. 高管警觉性的维度

Ray 和 Cardozo（1996）将单纯的对机会警觉性的研究拓展到对资源警觉性的研究，使企业基于外部市场环境的变化所带来的机遇以及内部的自身现状，探求资源与企业战略目标的匹配性。Teece 等（1997）也认识到高管人员不断重构已经拥有的资源和能力的重要性，将特定资源作为战略核心，高管人员在识别已有资源和自身独特能力的基础上根据企业的具体情况来决定是否进入新的经营领域以及进入的时机，并最终通过投资决策来引导企业组织未来的发展方向。Huang 等（2005）指出，企业高管人员作为企业日常运营的核心人物，须在具备充足的决策判断经验的同时熟悉其所处的企业环境，并对企业的机会、资源具有高度的敏感性以及准确的判断，这样才能为企业带来获利的可能性。Timmons 和 Spinelli（1999）的创业理论中也明确指出机会是各项创业活动开展的基础，资源为机会的实现提供了现实路径。机会与资源是创业活动中极为重要的两种因素，二者之间的关系十分密切。我国学者胡洪浩、王重鸣（2013）通过对警觉性的内涵界定以及对前人文献的回顾研究拓展了警觉性的概念，将警觉性由机会警觉性发展为资源警觉性。基于前人的研究，本书将高管警觉性划分为机会警觉性和资源警觉性两个维度。

（1）机会警觉性

Kirzner（1978）最早使用警觉性（Alertness）这一术语来解释管理者对机会的识别，Kirzner 认为警觉性是管理者发觉了其他竞争者不能洞察的潜在机会时所触及的机会空间，被识别出的机会来源于企业管理者对客观环境中事件与行为方式等信息的关注倾向和敏感程度。在 Kirzner 的研究基础上，Venkataraman（1997）认为，在企业发展的任何阶段，最重要的就是对机会的发掘，大多数的战略研究学者认为，把新产生的技术信息转化成具体的商品就是一种机会（Sarasvathy，2003），对机会的识别与搜寻所展现出的能力便是机会警觉性。Kirzner（1997）表示，机会警觉性是管理者对机会的敏锐程度。机会信息是不对称的，管理者越能敏锐地识别、评估以及利用机会，他的机会警觉性就越高。Shane等（2000）认为，机会警觉性包含三个特性：一是能够感知机会潜在的经济价值；二是机会很新奇；三是机会并未被察觉。由此可见，企业家只有具有较高的机会警觉性，才能识别机会、评估机会并利用机会。国内学者苗青（2008）指出企业高管作为决策领域内的专业人士，对企业日常运营过程中所面对的机会具有"专家式"的认知过程。

Simsek等（2009）认为，机会警觉性就是主动获取、处理与利用宝贵的市场信息来迎合组织内部的战略决策。Shane等（2000）提出机会发现观点，指出由于和机会相关的信息存在不对称性，高管人员获取充分信息成为识别机会的关键，此时警觉性对高管人员能否快速准确地识别机会起着至关重要的作用。Tang等（2012）提出了机会警觉性的三个层面，即扫描与搜寻、关联与链接以及评估与判断。第一个层面是指企业家不断扫描环境中的新机会并搜寻被别人忽略的信息，第二个层面是指企业家将不同的信息组合为具有连贯性的信息并用来替代原来的信息，第三个层面是指企业家对决策的评价和对信息的判断。根据本书的目的，本书将采用Tang等（2012）关于机会警觉性的定义与内涵来进行后续的分析。

（2）资源警觉性

企业的无形资产和有形资产共同构成企业的资源，体现了企业的核心竞争力。企业为保持核心竞争力必须在明确公司现状及物质基础的前提下，确定企业的可再生、可扩大并且对企业未来活动至关重要的核心资源（Prahalad and Hamel，1990）。Barney（1996）指出持续竞争优势源于企业所控制的资源和所具有的能力，这些资源和能力是有价值的、稀缺的、不完全可模仿的以及不可替代的，这些资源和能力可以被看成有形资源和无形资源的集合，主要包括公司的管理技能、组织过程以及日常行为，还有公司所掌握的信息和知识。Eisenhardt 和 Martin（2000）认为在动态的市场环境中，企业不可能长期获得持续竞争优势，企业应当在对动态能力的理解基础上，获取新的资源结构，这种新的资源结构代表了企业一系列暂时的优势。因此，管理者为了维持企业的竞争力，必须对企业可利用的资源保持警觉性。

通过市场共同性与资源相似性的竞争者分析框架，有助于企业识别出谁会是可能的潜在竞争者，以及在资源相似性强但市场共同性弱的产业内，如何识别出谁是企业的主要竞争者。由此可见，企业高管人员的资源警觉性对于企业了解主要竞争对手的资源配置情况、市场资源的动态变化以及本企业资源与外部环境和机会的匹配性具有重要的价值。高管人员对新资源的挖掘和利用将会给企业带来新的机会，这将使企业区别于那些未能识别发现新资源的企业（Kirzner, 1973）。同时，对新资源的成功识别将会给企业带来丰厚的创业资金（Alvarez and Barney，2010）。因此，企业高管人员只有对资源的新奇组合保持高度警觉才能充分调配资源并使其效用最大化。

三 组织变革策略的内涵及其维度

1. 组织变革策略的内涵

组织变革是一项复杂的管理活动，是企业为适应外部环境变化、完成组织任务等而进行的，以提高组织效能为根本目的。这里所述的策略是指组织依据其内外环境与可获得的资源，为提升组织绩效以及保障组织稳定发展而采取的手段和途径。组织变革策略作为变革的一种行动计划，能具体指出组织变革的目标与方向。通常来说，策略是组织在一定时间内达到企业目标的一种途径，对组织运行的有效性起到至关重要的影响（Burke and Litwin，1992）。

基于前人对组织变革策略的相关研究，本书认为组织变革策略是指组织为了适应其所处内外环境的剧烈变化以及组织任务等方面的调整，以科学的管理方法对组织规模、权力结构、组织上下级间的关系以及沟通渠道、成员的工作理念和行为方式等所采取的系统化的革新与调整，是提高组织效能的一种行动计划。

2. 组织变革策略的维度

Dunphy 和 Stace（1992）提出了组织变革策略的概念并将其分为变革规模和变革领导风格两个维度，前者涉及组织的部门与人事安排，后者涉及管理层的管理风格，本书将借鉴上述维度划分组织变革策略。

（1）变革规模

Hannan 和 Freeman（1984）从组织惯性视角提出了组织变革的必要性和重要性，他们认为，当环境发生变迁后，组织的惯性会导致组织无法适应新的环境，组织必须做出变革，尤其是在组织的规模方面。Greenwood（1996）认为，为了实现组织的制度化，并适应政治、法规和技术方面的变化，组织应该在规模上进行调整，向高效率和精细化方向发展，以提升组织的应对能力和效能。Majid 等（2011）也从组织惯性视角提出了变革组织规模的必要性，他们认为，组织惯性所带来的组织刚性"破坏"了组织的原有结构，使之"不断变老"，无法带领企业实现竞争力的提升，所以组织内部必须就规模做出变革，打破原有路径，突破路径依赖的瓶颈，将组织规模进行适度的改变。组织也唯有在迅猛的时代变迁中积极做出回应进行变革，才能顺应时代的发展，在优胜劣汰的环境中存活下来。曾经的世界500强企业之一的通用汽车公司，在面对消费者需求的变更时，仍然摆脱不了原有的路径依赖，企业的高管人员也未能及时地进行机构重组和人事变动，使得通用汽车公司不得不面对破产保护的局面，通用的失败带给后人诸多的启示。

组织规模作为决定组织结构的重要因素之一，与组织结构的精细度、复杂度成正比，即组织规模越大，其所具备的结构越精细、复杂。与渐变式变革相关的分析框架从不同的方面解释了变革规模（Anderson，2016），组织会通过变革涉及的部门多寡、变革后部门间权力重新分配的程度、新组织部门的建立及新的任职安排、原有工作流程与协调机制的改变以及各部门工作目标的重新界定几个方面来判断组织规模变化的程度。组织规模越大，越需要结构扁平化，越需要放权。伴随着规模的增大，为了实现专业化分工以达到经济效益的提升，功能性部门应运而生，企业整体结构逐步趋向于扁平化。为了应对功能性部门和原有部门各行其是、协调困难的局面，组织又会加强垂直分化以协调各部门的工作，组织规模就会扩大，组织结构的复杂程度也会进一步提升。此时，企业若想在瞬息万变的环境中生存下去，必须要用动态、变化的观点去设计和变革组织结构，从而应对组织复杂程度日益提升的局面。

（2）变革领导风格

领导者的成功在很大程度上决定了企业组织变革的成功。高层领导者作为组织变革的发动者以及市场竞争的关键资源会影响企业的战略行为，具有模范作用的优秀领导者是促使变革顺利进行的首要因素（Gardner，2005）。可见，组织变革的关键是领导问题而不是管理问题，高管人员作为企业的领导者应当扮演"善变"的角色，随着环境的变化及时调整自己的领导方式，积极进行自身理念上的变革。因此，与其把高管人员的管理风格归类为一门科学性的理论，不如将其归类为一门艺术。然而，在企业的发展过程中，并不存在一成不变的管理模式。权变理论认为在组织管理中应当根据组织所处的环境和内部条件的发展变化而进行相应的调整，不同风格的领导对组织的发展理念、成长模式、经营状况等都会有不同的作用，具有不同风格的领导者也会根据企业外部环境的不同做出不同的响应。Bass（1985）将领导风格具体分类为变革型领导（Transformational Leadership）和交易型领导（Transactional Leadership）两个维度。交易型领导作为传统的领导风格，是建立在奖惩基础上的，而奖惩制度又是依赖于企业绩效的，这种契约式的领导风格是指在既定的体制和制度框架内，企业高管人员以组织的有形资源和无形资源作为与被领导者的交换条件，从而换取被领导者对企业的服从。Bass 和 Avolio（1997）将交易型领导进一步定义为在特定情境下，领导者和被领导者之间进行契约式的交易过程，是领导者为被领导者安排明确的任务以引导被领导者完成既定目标的过程。此时，被领导者有益于组织发展的行为会及时受到高管人员的奖勉；反之，不宜于组织进步的行为则会受到惩罚（Bass et al.，2003）。大量学者通过实证研究发现，交易型领导并不是最行之有效的领导风格（Eid et al.，2004；Judge et al.，2002；Turner et al.，2002）。相较于交易型领导，具有变革型领导风格的领导者能够对组织变革加以合理的解释并付诸行动使组织变革策略的目标得以实现（Yukl et al.，2002）。Burns（1978）将变革型领导定义为识别和开发潜在追随者的需求及其潜在动机，在不断寻求更高需求的同时转换追随者并提升其道德水准。Burns 提出变革型领导的四个维度，主要包括理想化影响力、鼓舞性激励、智力激发、个性化关怀。在此基础上，Bass 和 Avolio（1997）进一步将变革型领导定义为激发和改变追随者的长期倾向并培养其更具有创造性的思维的过程。Bass（1985）认为，组织所面临的外部环境的不同将导致不同领导风格的出现，当组织面临快速变革时，管理者倾向于变革型领导风格。反之，当组织处在井然有序的稳定阶段时，管理者更倾向于交易型领导风格。Torbert（1989）认为组织变革根源于变革型领导。具有变革型领导风格的高管人员具备建立团队的能力，并明确组织发展的方向，为组织学习和变革的过程提供支持，激发组织变革的潜力以及组织成员的积极性（Bass and Riggio，2006）。

我国在加入世界贸易组织后，越来越多的知识型员工走上工作岗位。知识型员工作为知识经济的一部分，是企业新的竞争性资产，是企业维持生产力与竞争力的关键要素，而这类员工的教育水平以及对未来的职业规划相较于传统员工具有很多不同因素，企业高管采用何种管理风格来营造适宜的组织环境，调动知识型员工的积极性显得至关重要。作为领导者行为模式的领导风格会对员工创新起到引导作用，营造出良好的工作氛围并取得卓越的绩效。推崇新型有效的领导风格不仅是组织变革成功的关键因素，还会从思想上支持组织层面的创新，更会使组织在应对内外部环境的变化时做出与之相匹配的战略决策，从而使企业相较于竞争对手而言保持长期稳定的竞争优势。

四 企业财务绩效的内涵及其维度

企业是从事生产、流通与服务等经济活动的营利性组织，其通过各种生产经营活动创造物质财富，提供满足社会公众物质和文化生活需要的产品或服务，并从中获取利润。企业财务绩效的主要衡量指标可以归为两大类，即市场收益指标和会计指标。市场收益指标主要基于对股东们的回报，依靠资本市场的交易数据，研究企业在证券交易市场的股价波动以及收益率；会计指标则主要反映企业的整体经营成果，依靠企业的财务报表数据。市场收益指标由于仅站在股东的角度上，并且容易受到市场周期等因素的影响，因此通过其衡量企业财务绩效往往具有局限性，而会计指标则反映了整个企业的经营业绩，因此本书采用会计指标来衡量企业财务绩效。

企业的强劲发展集中体现在"优势四力"——收益力、运营力、成长力、稳定力。收益力象征企业的赢利能力，即企业是否能够获得适当的利润以支持其长期发展；运营力用来衡量企业使用资源的有效性，展现了企业的活动力和运营态势；成长力集中体现在推动企业获取可持续竞争优势方面，维系企业员工的向心力并促进企业发展；稳定力用于衡量企业的偿债能力，突出表现为在某一节点上企业所具备的应对即将到期的负债的能力，与企业的短期现金流具有紧密联系。"优势四力"展现了企业的综合竞争能力，因此，本书选用了反映收益力、运营力的净利润、营业利润率和净资产收益率指标以及反映企业成长力、稳定力的总资产增长率和营业利润增长率指标。

1. 反映收益力、运营力的指标

净利润（Net Profit）是衡量一个企业经营效益的主要指标，

是指企业按规定在利润总额中交纳了所得税以后利润留存的部分，是一个企业经营的最终成果。净利润越多，企业的经营效益就越好；净利润越少，企业的经营效益就越差。净利润对不同利益相关者的作用是不同的。对于高层管理人员来说，净利润反映了企业的赢利能力，是企业经营决策的基础。

营业利润率（Operating Profit Ratio）是企业营业利润与营业收入的比值，用来衡量企业的运营效率，体现了在排除非营业成本因素的前提下，企业获取利润的能力大小。营业利润率越大，说明企业日常运营过程中销售商品所能获得的营业利润越多，企业的赢利能力越强，营业利润率越小，说明企业的赢利能力越弱。

净资产收益率（Rate of Return on Common Stockholders' Equity）是税后净利润与平均股东权益（净资产）的百分比，该指标反映了股东权益的收益水平，用以衡量企业运用自有资本的效率，是衡量股东资金使用效率的重要财务指标，体现了自有资本获得净收益的能力。指标值越高，说明企业运用自有资本的效率越高。该指标能够最直接、最综合地反映企业的收益状况，最终起到为企业发展指明方向的作用。

2. 反映企业成长力、稳定力的指标

总资产增长率（Total Assets Growth Rate）反映企业本期资产规模的增长情况，是企业本年总资产增长额同年初资产总额的比值。资产不仅是企业取得收入的资源，同时也是企业及时偿还债务的保障，是企业发展的重要因素。因此，为了维持企业良好的发展状况，应当致力于保持资产的稳定增长。总资产增长率和资产规模增长速度成正比，但并非总资产增长率越高越好，企业应当分析总资产增长率是否能带来预期收益，即总资产的快速增长是否带来了销售收入的快速增长。在具体分析时，应当关注资产规模增长的质和量的关系，以及企业在未来存续发展的能力，避免盲目追求总资产增长率的提高所带来的扩张给企业造成的负面影响。

营业利润增长率（Operating Profit Growth Rate）是反映企业营业利润的增减变动以及预测企业经营趋势的指标，是企业本年营业利润与上年度营业利润的差额与上年营业利润总额的比率。营业利润增长率越高，说明企业的赢利能力越强；反之，此比率越低，说明企业的赢利能力越弱。

第二节　高管警觉性、组织变革策略与企业财务绩效的关系

基于上述分析，本节就竞争张力调节作用下高管警觉性、组织变革策略和企业财务绩效之间的关系提出相关研究假设。基本假设主要有：高管警觉性对企业财务绩效的影响关系假设；组织变革策略对企业财务绩效的影响关系假设；高管警觉性对组织变革策略的影响关系假设；组织变革策略的中介效应假设；竞争张力的调节效应假设。

一　高管警觉性对企业财务绩效的影响关系假设

资源基础理论认为，资源和能力是企业持续竞争优势的来源，持续的企业竞争优势是基于企业对稀缺的、不可替代性资源的控制而产生的，企业的资源状况也是决定企业成长的基础（Gove et al.，2003；王丰等，2002）。在世界范围内，很多掌握核心技术的企业由于受到资源的约束而创业失败（Bhide，1994）。Brush 等（2001）通过对企业间资源差异所引起的不同财务绩效的比较研究

发现，资源与财务绩效有着紧密的联系。企业进行内外资源整合的过程就是将资源转化为企业财务绩效的过程（Barney，2001；Witt，2008；Denrell et al.，2010）。由于资源与企业财务绩效有着千丝万缕的关系，企业高管人员是否拥有一双能唤起"沉睡资源"的慧眼就显得至关重要。

近年来，为进一步探索高管人员对资源的警觉性与企业财务绩效的内在机制，有学者从创业网络嵌入的视角对资源对企业财务绩效的影响进行相关研究并取得了显著进展。我国学者王庆喜、宝贡敏（2007）以及张君立等（2008）也从实证研究的角度验证了资源获取与企业发展的关系，他们均认为企业要想在激烈的竞争中立于不败之地，就必须对资源保持警觉性，这样才能为企业带来高水平绩效，促进企业健康稳定地成长。可见，组织的资源整合过程对企业财务绩效会产生影响，资源的获取也能够促进企业财务绩效的提高（Eckhardt and Shane，2003）。

所谓"机会"是指在特定的市场环境下，高管人员通过创新性的资源组合方式满足市场需求并为企业价值的提升创造可能性的一种有利情形。在现实情况下，并不是所有的机会都会为企业价值的提升做出贡献，满足市场需求的机会只有在被发现或被创造时才能为企业带来价值（魏喜武，2009；Hansen et al.，2011；魏喜武、陈德棉，2011；张秀娥、王勃，2013；姚梅芳等，2016）。Shane 和 Venkataraman（2000）也指出发现并利用有利于企业发展的机会是企业财富积累的基础，对机会的识别作为创业的核心对企业的发展至关重要。

Timmons 和 Spinelli（1999）提出了"机会窗口"这一概念，认为机会具有时间性和空间性双重特性，机会窗口既不会一直开启，也不会一直关闭，企业高管人员要在变化的环境中把握有价值的机会就必须时刻保持识别机会的警觉性。不同企业高管人员的创造性、远见和直觉不同，对新机会保持警觉性的能力不同，将导致企业间财务绩效的差异。可见，对机会具有较高警觉性的高管人员会为企业带来额外的财富（Teece，1997；Mosakowski，1998）。企业的创业行为往往从对机会的甄别开始，其目的是为企业创造价值，因此，多数学者认为对机会的识别与利用是影响企业获得持续竞争力的重要因素，是企业成长的关键，也是提升企业绩效的重要因素之一（Sambasivan et al.，2009；Gielnik et al.，2012）。

资源依赖理论认为，企业应当最大限度地降低外部因素的影响，并更好地识别、获取和利用外部资源，为企业创造价值（Zott and Amit，2007）。因此，高管人员作为企业战略决策的制定者，在市场非均衡状态下，为了使企业能够持久地保持竞争优势，必须时刻保持对机会及对资源的警觉性。

综上，本书认为，高管的机会警觉性、资源警觉性将有助于企业获取资源、识别机会，提高企业绩效。

据此，本书做出如下假设。

假设1：机会警觉性正向影响企业财务绩效。

假设2：资源警觉性正向影响企业财务绩效。

二　组织变革策略对企业财务绩效的影响关系假设

Cummings和Worley（2014）从企业行为理论的研究视角出发，认为企业高管人员通过制订变革计划、采取变革行动可以促使企业达到预期的财务绩效。Donaldson（2000）从权变理论的研究视角出发，认为组织变革是实现企业高财务绩效的保障，并详尽阐述了组织变革与企业财务绩效的关系，指出企业高管人员为了应对竞争加剧等环境的变化而带来的对企业竞争优势的冲击，应当及时进行组织变革以改善企业财务绩效。Porras 和 Robertson（1992）从组织发展的研究视角出发，认为变革由行为科学理论、变革策略和方法构成，旨在促进个人发展以及提升组织绩效。Colin 和 Carnall（1986）也指出组织变革以企业绩效的提高为目标，组织变革背后隐含着业绩评价、利益分配等方面的问题，而变革的对象包括组织成员、文化以及管理风格等组织构成要素。本书参照 Dunphy 和 Stace（1992）提出的组织权变模式，将组织变革策略分为变革领导风格和变革规模两个要素。

Weiner 和 Mahoney（1981）认为相较于其他变量，领导风格对企业财务绩效的影响更为突出。Smith 等（1984）通过长时间大量的实证研究表明有效的领导风格对企业财务绩效会产生积极的影响。高管人员对组织氛围的设定起到了至关重要的作用，有效的领导风格在直接或间接促进员工创造力的同时，还会带来企业财务绩效的提升（Mumford and Gustafson，1988；Amabile，1998；肖洪钧、苗晓燕，2009；王飞绒、陈文兵，2012）。Burke 和 Litwin's（1992）提出的组织绩效和组织变革的模型能对组织内部个体和组织绩效的关系做出有效预测，并明确提出了转型和交易这两种对成功的组织变革起到关键作用的动力因素，而领导风格作为转型的关键因素之一，对企业发展至关重要。现有关于领导风格的研究中，多数研究认为相较于其他类型的领导风格，变革式领导更能够提升企业财务绩效（Kane and Tremble，2000；Jung et al.，2008；孟慧，2004）。高层管理者的领导方式和企业财务绩效的关系紧密，变革型的企业管理者与事务型的企业管理者相比能为企业赢来更多的市场份额（Steyrer and Mende，1994；杨建君等，2009）。变革型领导者通过将组织愿景和企业文化灌输给下属，让下属意识到组织的目标以及个人使命的重要价值，激发下属的高级别需求，使下属能够从组织整体利益而非个人利益出发，产生比预期更高的工作绩效（Bass，1985）。此类型的领导风格强调长期激励以及对创新性组织文化环境的创建，从而培养具有创造性的员工，而员工创造性的提升会带来组织的创新（Bass and Avolio，1997）。无论是组织技术上的创新还是商业模式上的创新都会为企业构建核心竞争力，从而对组织绩效产生积极影响。

组织规模也被认为是影响企业决策的变量之一（Hambrick et al.，1982）。动态竞争相关研究认为，那些具有相对较大组织规模和较强运营能力的企业更具有可辨识性（Chen and Hambrick，1995；Chen et al.，2012）。在竞争环境下，组织规模是组织吸引目标企业内外部利益相关者关注的首要特性（Chen and Miller，1994，2012）。组织变动的幅度作为组织规模变动过程中的重要特征，对企业财务绩效具有很大的影响（Dunphy and Stace，1992）。

为了维持企业较高的绩效水平以及稳定持续的增长，企业需要在加强适应能力的同时，不断地通过改变领导风格、调整变革规模以应对企业内外部环境的变化。

据此，本书做出如下假设。

假设3：变革规模正向影响企业财务绩效。

假设4：变革领导风格正向影响企业财务绩效。

三 高管警觉性对组织变革策略的影响关系假设

警觉性是企业高管需要具备的内在素质以及重要的胜任要素，反映了企业高管基于特定情境启动变革时所形成的战略倾向（Greenwood，1996）。具备高警觉性的企业高管能够准确地感知市场环境，识别关键的驱动要素，推断因素间的动态关联性，使企业能够根据情境的变化适时地调整组织战略（Dixon et al.，2010）。因此，高管警觉性作为影响企业战略选择的重要因素，在组织变革研究中应予以重视（Gaglio and Katz，2001）。

1. 机会警觉性对组织变革策略的影响关系假设

环境对于组织变革策略的制定具有重要的影响，在现有的研究中，多数学者将环境因素划分为机会和威胁两大类（Dutton and Jackson，1987；Li，2013）。外部环境的变化给企业带来的新机会将直接引发组织变革，企业要维持机会与战略的匹配，必然要采取果断的手段来实施企业转型，积极进行战略变革。Li 等（1999）通过对中国 1080 家企业的实证研究发现，警觉性促进了这些企业实施战略变革的可能性。高管开启警觉性的"天线"，吸收各类信息并利用相关的知识和资源识别、评估并利用机会，在此基础上制定组织变革策略才会行之有效（唐杰等，2012）。过去许多的企业高管，都是依据其对市场的认知或者潜意识实现组织的战略目标，能这样自然发现机会的企业高管，对机会的敏锐程度要高于普通员工，对机会高度警觉的高管会积极审视已发现的机会与企业战略的匹配性（Kirzner，1978）。在警觉到机会并做出决策前，企业高管将凭借其能力与知识，评估出正确的方向，做出合适的组织规模调整和领导风格变更。因此，高管之所以会成功，其中的关键是随时利用社会资源，应用相关的知识，搜寻相关信息，发掘、评估并利用机会，提高机会警觉性，在此基础上制定组织变革策略。Gaglio 和 Katz（2001）认为，机会警觉性能够保障企业高管搜寻到尚未发现的机会，有利于企业加快内部调整的速度。Ko 和 Butler（2007）从社会网络角度出发探讨了机会警觉性对组织战略的影响，他们发现，机会警觉性对组织的战略决策具有显著的影响。Simsek 等（2009）也指出，高管的机会警觉性将会驱动组织深入挖掘机会，并实施相应的组织变革。而如何迅速适应多变的环境并抓住潜在的机会则取决于高管对外在环境的感知与掌控，这也是推动组织变革的主要力量（Chen and Miller，2012）。Karl 和 Robert（1999）认为跃变式变革是由组织的惯性和组织在运作过程中的失效驱使的，而渐变式变革则是由警觉性和组织在运作过程中不能维持稳定的状态而引发的，其提出的与渐变式变革相关的分析框架详细阐述了组织在运作过程中出现的意外事件、故障以及机会，并从不同的方面解释了变革规模。

由此可见，具有警觉性的企业高管能够迅速实现对机会的识别与利用，并且促进领导风格的转变以及组织规模的调整，有助于组织成功实施变革。

据此，本书做出如下假设。

假设 5：机会警觉性正向影响变革规模。

假设 6：机会警觉性正向影响变革领导风格。

2. 资源警觉性对组织变革策略的影响关系假设

企业高管为保持企业核心竞争力必须在明确企业现状以及物质基础的前提下，确定对企业未来发展至关重要的核心资源（Prahalad and Hamel，1990）。行政遗产是关乎每个企业发展命运的重要资源，会对企业的战略选择产生约束，具体包括无形的文化遗产和企业物质财产。无形的文化遗产包括一系列因素，如企业的领导者风格和领导者的预见能力、组织文化等，而领导风格的不同也会影响企业员工是否能够战略性地运用资源（Covin et al.，2005）。这些无形因素形成了企业文化的独特性并且直接影响组织变革策略的形成，企业高管只有对这些企业资源保持高度警觉性，才能充分地调配资源并使其效用最大化。

随着组织适应程度的加深，组织的系统、步骤以及构成将会惯性持续运行，然而这种惯性并不利于企业战略决策的变更。因此，企业为了保持其组织能力将会定期进行再适应能力测试，使组织具有灵活性和弹性以应对企业在日常经营活动中发生的变化，这也是企业至关重要的管理任务和生存法则。Teece 等（1997）指出资源优势具有黏性，并且会限制企业的战略选择，即企业的战略选择受到当前资源水平的限制，并依赖于资源水平。Cady 和 Milz（2015）指出对模式和资源的更改会带来组织变革。由此可见，企业高管作为组织的领导者，在变革过程中当组织环境发生变化时，应当维护企业资源与企业活动的匹配性（Scott and Lane，2000）。企业高管对当前企业所拥有资源的认知水平越高、把握越准确，越有助于企业做出积极的组织战略变革，促进领导风格的转变以及组织规模的调整，从而促进变革的成功。

据此，本书做出如下假设。

假设 7：资源警觉性正向影响变革规模。

假设 8：资源警觉性正向影响变革领导风格。

四 组织变革策略的中介效应假设

适宜有效的企业战略能够给新创企业带来竞争优势，有利于其把握外部环境中的机会，获取企业维持生存以及利用机会所必需的资源，同时，对机会和资源的创造性利用能为企业的良性发展提供良好的基础，从而对企业财务绩效的提升产生促进作用。企业的组织变革需要资源和机会的支撑，缺乏充足的资源与机会，企业的战略变革难以进行。

1. 组织变革策略在机会警觉性与企业财务绩效之间的中介效应假设

虽然学者们早已认识到机会识别对企业财务绩效的影响，认为发现并利用有利于企业发展的机会是其财富积累的基础，并提出具有较高机会警觉性的高管会为企业带来额外的财富（Teece et al.，1997；Mosakowski，1998；Shane and Venkataraman，2000）。但现有研究还存在一个明显不足，即绝大多数研究仅关注机会对企业财务绩效的直接影响，而对机会如何转化为企业财务绩效的内在机制缺乏深入而清晰的理解。少数学者探讨了资源、企业高管的个人特质等因素在此过程中扮演的角色，但很少深入分析在此背后发挥作用的机制，更没有很好地探索从机会到企业财务绩效的转化路径。

根据 McMullen 和 Shepherd（2006）的研究，警觉性只有在企业高管合理的逻辑判断基础上转换为行动后才能与创业活动相关。McMullen 和 Shepherd 的研究指出了行动对企业培养竞争优势的重要性，而组织变革策略作为变革的一种行动计划，能具体指出组织活动所要实现的变革目标。

Kirzner（1973）的研究阐述了机会警觉性对组织变革的影响，提出机会警觉性能够帮助管理者更深刻地意识到变革的必要性及被忽略的机会，而管理者的个人倾向、市场环境的变化等因素也会为新机会的萌生带来合理的解释。Simsek 等（2009）指出，机会警觉性促进了企业家精神的提升，将会驱动组织采取变革策略。Cummings 和 Worley（2014）也从企业行为理论的研究视角出发，认为企业高管通过制订变革计划、采取变革行动可以促使企业达到预期的绩效。

可见，企业的成功依赖于对机会的识别和行之有效的组织变革策略，企业若只是识别了对其有利的机会，而不能在内部实施变革策略来克服利用机会的障碍，那么这些已识别出的机会是不能为企业带来优势的。对机会的识别过程也将变得毫无意义，更有可能导致企业绩效的降低。企业高管在机会识别的基础上实施的组织变革能够为企业带来良好的绩效。由此，组织变革策略便成为资源开发过程与企业财务绩效之间的桥梁，这也在一定程度上肯定了组织变革策略在机会警觉性与企业财务绩效之间的中介作用。

据此，本书做出如下假设。

假设9：变革规模在机会警觉性与企业财务绩效之间起到中介作用。

假设10：变革领导风格在机会警觉性与企业财务绩效之间起到中介作用。

2. 组织变革策略在资源警觉性与企业财务绩效之间的中介效应假设

大量的理论研究已经证明资源和绩效存在关系，如 Eisenhardt 和 Martin（2000）提出企业的资源状况是维持企业持续竞争力的基础。资源基础理论认为企业应该致力于获取核心资源，并通过对核心资源的运作与调配形成核心竞争力。虽然很多学者早已提出了基于资源基础理论的竞争优势观点，但是对于资源警觉性转化成竞争优势的路径仍缺乏深入的研究。因此，这就急需学者们对资源警觉性与企业财务绩效之间的关系进行探讨。

研究表明，异质性资源对企业财务绩效的影响要大于行业特征对企业财务绩效的影响（Barney and Mackey，2016）。也有学者提出资源本身并不能直接解释企业间财务绩效的不同，尽管资源是一切企业活动的基础，也是产生企业绩效的核心要素，但重要的不是资源本身，而是企业如何选择适宜的组织变革策略从而有效地利用已有的资源（Barney，1996）。具有异质性的资源只有通过战略上的有效运用才能为企业带来持续的竞争优势（Sirmon et al.，2008）。根据战略变革理论的观点，变革提供了一种产生机制，通过这种产生机制，资源产生了企业财务绩效。因此，对企业而言，战略是资源与财务绩效的媒介（Edelman et al.，2005）。

企业凭借核心竞争力形成有价值及独特的策略，并打败竞争对手获取竞争优势，取得高水平的绩效，推动企业的成长。Borch等（1999）通过对企业资源和企业竞争战略问题的研究发现，资源和企业战略之间存在着一致性关系。通过对战略视角下企业财务绩效研究的回顾，我们发现无论是外部环境还是内部资源对企业的成长和绩效都有影响，企业据此做出不同的决策，这些决策反映了企业的战略选择。前人的研究在一定程度上证明了组织变革策略在资源警觉性与企业财务绩效之间扮演了重要作用，进而肯定了组织变革策略在资源警觉性与企业财务绩效之间的中介作用，因而本书选择组织变革策略作为资源警觉性和企业财务绩效的中介变量。

据此，本书做出如下假设。

假设11：变革规模在资源警觉性与企业财务绩效之间起到中介作用。

假设12：变革领导风格在资源警觉性与企业财务绩效之间起到中介作用。

五 竞争张力的调节效应假设

1. 竞争张力对组织变革策略与企业财务绩效关系的调节效应

假设3和假设4提出变革规模和变革领导风格均与企业财务

绩效正相关。随着企业竞争环境的不断变化和竞争对手的不断施压，企业感知竞争张力的程度会逐渐加深，在这种情况下，应进一步调整组织变革策略来提升企业财务绩效，从而保持其在市场中的竞争优势。

竞争张力反映了企业间竞争的不对称性，有助于解释企业间的竞争和信息交流过程中的知觉差异和行为变化。Chen 等（2007）提出目标企业感知到的竞争张力程度的加深会使其对竞争对手的攻击程度加深，组织规模较大的企业在面对竞争对手的攻击时更容易发起大规模的回击。这种大规模的回击加强了企业间的竞争压力，而企业间竞争压力的存在会进一步影响企业对组织规模的选择，如果要素市场上存在激烈的竞争，那么企业必须比竞争者具有更高的要素利用效率。Chen（2009）进一步指出，源于竞争不对称的竞争张力越强，组织的变革速度将会越快。此外，Granstrand（2000）认为，若目标企业的创新行为出现在竞争者的技术优势领域，其将承受较多的阻挠、威胁与攻击，此时，拥有较强警觉性的企业高管将会调整组织变革策略，实现领导风格的转变，加快对竞争对手的回应速度以应对竞争企业带来的市场冲击，而最早的回应者通常会赢得较高的市场占有率，从而促进企业财务绩效的提升。可见，在激烈的竞争环境下，高管的警觉性对组织创造力以及财务绩效的提升作用会更加明显（Dess and Picken，2000）。

在激烈的竞争环境下，竞争不确定性会伴随着组织外部环境动态性与复杂性的提高而不断强化，竞争不确定性主要体现在企业对竞争对手的实力、其将来的行动和将采取的战略的不确定性。高管作为组织战略决策的制定者与执行者，对环境不确定性的认知影响着对战略类型的选择，而不同的战略选择对企业财务绩效会产生不同的影响。动态竞争理论论述了竞争张力对组织各因素的影响，强调竞争张力涉及企业各部分的运作与决策过程，竞争张力的存在会加强组织对外部环境不确定性的感知，有助于帮助企业发现竞争对手的反常竞争行为，并据此采取积极的组织变革策略以提升企业财务绩效。在竞争张力的影响下，企业高管会根据市场变化和竞争对手的反应来不断地调整组织变革策略。多数类型的组织变革受到竞争环境变化的驱使（Talat，2017），为了应对市场变化给企业带来的冲击，具有竞争张力的企业要了解客户的购买原因，拟定相应的战略和对策，通过沟通实现任务，进而提升企业财务绩效。而要实现这一目标，组织必须根据竞争张力认知来调整组织的变革策略，力求组织变革策略满足市场需求。

据此，本书提出如下假设。

假设 13：竞争张力对变革规模与企业财务绩效的正向关系具有显著的调节作用。

假设 14：竞争张力对变革领导风格与企业财务绩效的正向关系具有显著的调节作用。

2. 一个有调节的中介效应模型假设

Hage（1999）研究发现，外部环境的变化给企业带来的机会与威胁将直接引发企业的组织变革。动态竞争理论在强调组织积极发现机会并利用机会进行组织变革策略调整的同时，还强调了竞争张力对组织各因素的影响。竞争张力要求企业不断提升机会警觉性，创造持续性经济租，这也是长期竞争优势的来源。Chen 和 Miller（2012）认为，企业可以用竞争者难以回应或难以模仿的竞争性行动来创造竞争不对称性，在此基础上的竞争张力将会强化企业高管基于机会警觉性而实施的组织变革行为，进一步发挥环境变迁带来的组织变革对企业财务绩效的积极影响。在竞争不确定的环境下，企业高管的机会警觉性有助于其对外部机会的认知与把握，在了解竞争态势的同时调整内部的变革策略，而此时变革的主要目标有两个，一是抓住机会，二是回应竞争者的竞争行为，从而占据市场的有利位置，在激烈的竞争环境下生存和发展。由此可见，企业高管人员在对外部机会的识别与认知基础上制定的组织变革策略，在竞争张力带来的外部不确定性增强的市场环境下，将会带来企业绩效的提升。Lee 等（2017）分析了组织变革的影响，他们提出当组织察觉到外部的变化时，自身必须做出变革性调整，尤其是当其察觉的竞争张力较强时，组织的变革将会带来优质的绩效，而这些行为和结果的前提是组织高层已经深入了解了组织的资源基础并察觉到了外部有价值的机会。Solouki（2018）分析了企业在组织变革过程中可能不会采取的路径，在强调组织变革必要性的同时，他着重分析了高管机会警觉性在竞争平衡态势被打破时对组织变革行为及企业后续绩效的影响。

综合以上中介效应以及调节效应的假设，结合本小节的上述分析，本书认为，竞争张力在高管机会警觉性与企业财务绩效的非直接关系（通过变革规模和变革领导风格）中起着调节作用。因此，本书提出如下假设。

假设 15：机会警觉性通过变革规模对企业财务绩效的非直接影响受到竞争张力的正向调节。

假设 16：机会警觉性通过变革领导风格对企业财务绩效的非直接影响受到竞争张力的正向调节。

Chen 和 Miller（2012）认为，在新的竞争格局下，由企业特定资源产生的竞争优势往往是暂时、非持续的。在激烈的竞争环境下，在感知竞争张力的同时，高管人员的资源警觉性将有助于其对内外部资源的认知与把握，其不断地更新和积累资源以提升企业资源的异质性，并对这些资源加以有效的管理，通过资源管理过程将资源转化为自身的能力，获取竞争优势，最终提高企业财务绩效。

由于各种资源不均地分布于各大企业之中，因此每家企业都是特异的。一家企业在行业中的竞争位置和优势由其特有的资源组合所决定，与此同时，企业所控制的资源也有可能制约该企业的战略选择。组织变革的首要任务是重新整合组织内外部资源，这就需要管理者在保持资源警觉性的同时，营造一个促进创新的氛围来推动变革的实施。Chen 等（2007）指出竞争者与目标企业拥有越相似的战略资源配置，其争夺目标企业市场的能力就越大。所以，如果竞争者采用相似的战略资源配置，会使目标企业感受到较大的竞争张力，此时目标企业对竞争张力的感知与衡量对于预测竞争行动具有重大作用。企业通过客观衡量竞争张力的大小，来判断谁是将有可能采取攻击行动的发起者，或者哪一个竞争者对本企业的威胁最大，需要优先注意。研究者只要分析企业与竞争者在市场面与资源面的竞争关系，便可以推导出竞争行为的选择与发动的可能性。对任何行业竞争的研究都是如此，研究者可以从竞争双方的资源组合情况了解两者的竞争关系，并据此推断出目标企业与主要竞争对手未来可能采取的组织变革策略。适宜企业发展的组织变革策略会带来企业财务绩效的提升，为企业的经营业绩做出贡献，进而促进企业长期稳定地发展，培养企业在市场中的核心竞争优势。

竞争张力理论指出，企业的竞争行为将累积彼此的竞争张力，造成竞争双方关系趋于紧张，导致双方竞争冲突的产生，这将会改变企业高管对自身资源的认识，从而改变组织的相关战略决策，即企业的一举一动都将改变彼此的竞争关系，影响企业与竞争者发动下次攻击的可能性。因此，在动态的竞争环境下，竞争张力来自竞争双方相似的战略资源配置，企业高管改变战略资源配置的程度越高，由此导致的组织战略变革越频繁，变革规模越大。Lee 等（2017）认为，高管对程序性资源的认知和把握有利于优化组织的业务流程，而当感知到外部的竞争时，高管将会积极实施组织变革，从变革规模和变革领导风格方面做出积极的调整，进而完善组织变革的结果。

以上研究表明，企业高管的资源警觉性对于企业了解主要竞争对手的资源配置情况、市场资源的动态变化以及本企业的资源与外部环境和机会的匹配性有重要的价值。大量实证研究已经证明，企业高管对目前企业所拥有资源的认知越准确，越有助于企业做出积极的战略变革，并采取有效的变革行动。企业间竞争张力的存在也要求企业高管根据市场环境的变化、企业自身的能力和资源决定某一时刻在哪些方面投入更多的资源，在哪些方面投入较少的资源，以努力提升企业的绩效。一些学者认为，动态竞争理论有助于帮助企业发现竞争对手的反常竞争行为并据此采取积极的组织变革以提升组织的绩效。为了抓住并利用有价值的资源，企业会根据竞争张力的变化来调整组织变革的状况，以期提升组织的绩效（Bloodgood，2006；Shirokova et al.，2014）。从战略视角出发分析竞争张力对企业战略选择与变革的影响，将会进一步推动企业竞争优势与组织绩效的提升。本书将从竞争张力的调节视角出发，分析其对资源警觉性、组织变革策略以及企业财务绩效的影响。

据此，本书提出如下假设。

假设 17：资源警觉性通过变革规模对企业财务绩效的非直接

影响受到竞争张力的正向调节。

假设18：资源警觉性通过变革领导风格对企业财务绩效的非直接影响受到竞争张力的正向调节。

六　研究模型与假设总结

经过对上述变量之间的关系进行分析并提出假设，本书得出了变量之间清晰的框架，如图3-1所示。

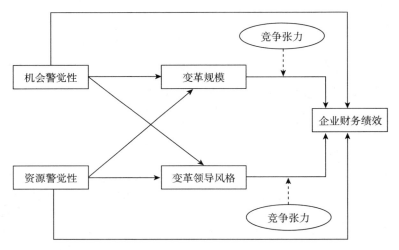

图3-1　假设检验框架

第三节　本章小结

本章的研究目的在于对高管警觉性、组织变革策略、竞争张力与企业财务绩效相互的内涵和维度进行界定，并构建高管警觉性、组织变革策略、竞争张力与企业财务绩效相互关系的理论研究框架。结合前章对相关理论和文献综述的梳理，本章确定了核心变量之间的关系。通过模型构建，本书旨在分析高管警觉性、组织变革策略与企业财务绩效间的关系，以及竞争张力对各变量的调节效应。基于第二章的基础理论，在对变量内涵及维度进行分析的基础上，提出了变量之间的相关假设。高管警觉性被定义为高层管理人员基于企业现状和外部环境对尚未发掘的市场机会或市场利基的认知，并基于企业战略导向监察企业资源的调配与使用情况，以及资源与企业战略目标的匹配性。基于前人的相关研究，高管警觉性被划分为两个维度，即机会警觉性和资源警觉性。机会警觉性是指面对机会时的"灵感顿悟"，有助于企业高管快速识别潜在的机会；资源警觉性是指企业基于外部市场环境和内部自身现状，寻求资源与企业战略目标的匹配性，以及基于企业内部资源，寻求外部机会与企业内部资源的匹配性。组织变革策略被定义为能指出组织所要实现的变革目标与方向的一种行动计划。本书将其划分为两个维度，即变革规模、变革领导风格，并分别分析了两个维度的内涵。竞争张力被定义为可能引发企业采取行动对抗竞争者的一种竞争者之间的紧张局势关系。它不仅反映了企业间的竞争态势，更反映了企业对外部变化的回应与适应。本书基于前人对竞争张力的相关研究，仍将竞争张力划分为单一维度。

在对变量进行维度划分的基础上，本章提出了研究假设，具体包括 18 条假设（见表 3 - 1）。

表 3 - 1　本书研究假设

变量关系	假设描述	假设性质
高管警觉性与企业财务绩效	机会警觉性正向影响企业财务绩效	验证性假设
	资源警觉性正向影响企业财务绩效	验证性假设
组织变革策略与企业财务绩效	变革规模正向影响企业财务绩效	验证性假设
	变革领导风格正向影响企业财务绩效	验证性假设

变量关系	假设描述	假设性质
高管警觉性与组织变革策略	机会警觉性正向影响变革规模	验证性假设
	机会警觉性正向影响变革领导风格	验证性假设
	资源警觉性正向影响变革规模	验证性假设
	资源警觉性正向影响变革领导风格	验证性假设
中介作用	变革规模在机会警觉性与企业财务绩效之间起到中介作用	验证性假设
	变革领导风格在机会警觉性与企业财务绩效之间起到中介作用	验证性假设
	变革规模在资源警觉性与企业财务绩效之间起到中介作用	验证性假设
	变革领导风格在资源警觉性与企业财务绩效之间起到中介作用	验证性假设
调节作用	竞争张力对变革规模与企业财务绩效的正向关系具有显著的调节作用	开拓性假设
	竞争张力对变革领导风格与企业财务绩效的正向关系具有显著的调节作用	开拓性假设
调节中介作用	机会警觉性通过变革规模对企业财务绩效的非直接影响受到竞争张力的正向调节	开拓性假设
	机会警觉性通过变革领导风格对企业财务绩效的非直接影响受到竞争张力的正向调节	开拓性假设
	资源警觉性通过变革规模对企业财务绩效的非直接影响受到竞争张力的正向调节	开拓性假设
	资源警觉性通过变革领导风格对企业财务绩效的非直接影响受到竞争张力的正向调节	开拓性假设

第四章

高管警觉性与企业财务绩效的研究设计

第一节　研究对象的确定

本书第三章对动态竞争理论、TMT 相关理论、组织变革理论以及战略选择理论进行了相关分析，并对高管警觉性、组织变革策略、企业财务绩效以及竞争张力进行了维度确定，本章结合前文提出的研究框架，选定研究对象以及样本量。

一　研究对象的选择

本书调研的对象集中在东北三省的传统企业和高科技企业。在调查抽样之前，本书需要先确定样本的选择标准。

（1）问卷的填写人必须是总裁、董事长、总经理、财务总监、运营总监等对企业运营流程十分熟悉的高层管理人员。

（2）通过面对面访谈的方式发放和回收问卷。通过熟人与相关企业的负责人取得联系，在征得他们的同意后约定时间面谈，在访谈中对相关问题做出详细解释，以确保受访者正确理解问卷各题项的含义，保证问卷的回收质量。

二 样本量控制

本次调查采用现场发放调查问卷、现场填写并回收的方式，共发放调查问卷 331 份。为了确保回收后的问卷数据质量，需要在后期的处理过程中对数据的有效性进行界定。在问卷内容设计上，增加受访者的年龄、学历、企业股权性质、是否为家族企业等信息，并在回收后剔除低质量问卷以及无效问卷。

为了避免问卷设计者与受访者之间对问题理解出现偏差而造成调研结果质量不佳的情况，调研人员采取了预调研的方式。预调研作为测试问卷质量的途径，是指在正式进行调研之前，选取具有代表性的调查对象进行预先的实验性的调研。通过预调研，能够及时发现问卷设计者与受访者之间对问题理解出现的偏差以及沟通上的问题，进而在正式调研前对问卷设计加以改正，以便受访者理解问卷的内容，对问卷质量进行严格的控制，确保问卷的合理有效性，从而保证调研工作的质量。某些题项在表达方式上容易使受访者存在理解上的偏差，造成问卷质量下降。对此，笔者与导师、相关领域的专业人士以及受访人员进行沟通并获取了宝贵的意见和建议，根据相关的建议进行恰当的调整与修改，最后将修正后的问卷发放给相关调研单位。

在内容安排上，为了使受访者明确每个研究变量的具体含义，笔者详细阐述了高管警觉性、组织变革策略、竞争张力以及企业财务绩效的内涵，并将高管警觉性测项放在第一项，接着是组织变革策略、竞争张力和企业财务绩效测项，最后是企业的基本情况。对高管警觉性等维度的测项均采用李克特五级量表来测量，以反映企业高管人员的意见。

第二节　调查问卷的设计

在众多调研方法中，问卷调研作为一种结构化的调研方式，具有成本低、普及性强等优点。同时，问卷调研在各种行业都能有效使用，通过这种方式，调研人员能获得比二手数据更为珍贵的一手数据，这为后续的数据分析打下了基础。需要注意的是，为了确保调研数据的有效性，要加强对无效问卷的管理，将这部分问卷剔除。

一　调查问卷内容的确定

本次调查问卷一共涉及四个变量，即高管警觉性、组织变革策略、竞争张力以及企业财务绩效，针对每个变量分别采用不同的指标数据进行反映，并依据李克特五级量表依照同意程度从完全不同意到完全同意进行打分。深入剖析高科技企业和传统企业的高管警觉性、组织变革策略与企业财务绩效间的关系，并加入竞争张力这个调节变量。在问卷的内容设定上，主要分为五部分：第一部分，涉及高管警觉性的内容，包括对机会警觉性、资源警觉性等信息的调研；第二部分，涉及组织变革策略，包括对变革规模、变革领导风格方面信息的调研；第三部分，对企业财务绩效进行测量；第四部分，对竞争张力进行测量；第五部分，涉及东北三省高科技企业和传统企业的基本情况，如受访者的年龄、受访者的学历、受访者的职务、受访企业的股权性质、受访企业是否为家族企业等。

二 问卷设计原则及流程

1. 问卷设计原则

问卷的设计是一个严谨、科学的过程，应当遵循以下四个原则。

（1）科学性原则。该原则作为指标体系设置时应当遵循的基本原则，应贯穿整个问卷设计过程。为了达到研究的目的，对指标进行概念界定时要保持准确性原则，对测量方法以及测量内容的选择在满足研究目的的前提下要符合科学性原则，尤其是竞争张力测项。竞争张力具有很强的特殊性，而且张力本身就较难测量，因此，提炼出来的竞争张力测量指标应该能够为研究模型服务。

（2）可操作性原则。根据研究的实际情况，对指标进行合理运用，并且在指标以及指标体系设置过程中，应尽可能使用已经被研究者广泛应用过的定量指标。

（3）可比性原则。为了更好地评价结果，所设置的指标体系应能够与国外相关研究指标体系进行比较，以明确企业在同行业、同规模的众多企业中所处的位置，进而找出差距，提升企业的综合竞争实力。

（4）为了保证研究有效进行，在突出问卷重点的同时也要达到语言精练的效果。需要引起调研人员注意的是，在保证问卷语言精练的同时，为了节省被调研人员的时间以及确保问卷质量，对测项的删减要严谨，应在保留原有信息的前提下突出重点测项，以反映客观事实。

2. 问卷设计流程

为了进行探索性研究，对相关变量的测量以及对测量工具的开发是定量研究的首要工作。在此前提下，调研人员采用行之有效的问卷调查，从而进一步验证所提出的假设成立与否。

首先，为了使开发出的问卷更具准确性和适用性，以符合研究目的，应当对变量进行深入的理解，对与变量相关的文献进行深入研究，剖析变量的内涵。

其次，对与本书相关的测项进行分析界定，并将相关测项与相关变量进行匹配。从文献分析的角度参考其他学者的研究情况，借鉴有用测项，完善个别测项，修正不恰当的测项，增加必要的测项，删减不必要的测项，以新的剩余测项作为基础并附加其他测项，在此基础上检验问卷内容、结构的有效性并形成一份最终的有效问卷。

三　变量测量与量表设计

前文对高管警觉性、组织变革策略、竞争张力以及企业财务绩效进行了定性研究，并以动态竞争理论、TMT 相关理论、组织变革理论以及战略选择理论为基础，对各变量之间的关系进行了相关假设。在上述定性研究的基础上，本章通过收集整理研究所涉及的高管警觉性、组织变革策略、企业财务绩效以及竞争张力这四个核心构念的相关测量量表，并对已有测量工具进行选择与对比，结合本书的具体情境对量表进行筛选，形成问卷初稿，通过初步的问卷调研，进一步验证各测量工具是否具有有效性和可信性，进而设计出一份可适用于东北三省企业的调研问卷，并验证本书提出的 18 个假设。

为了准确测量各个自变量与因变量，本书借鉴的是与变量相关的、国内外较为成熟的理论与实证研究，并对国外文献进行详细的翻译，以确保各个题项的准确性。对中介变量组织变革策略在高管警觉性和企业财务绩效间中介作用的研究以及对竞争张力调节作用的研究为探索性研究，目前对警觉性内在机制的研究大多从创业警觉性的角度展开，比较宏观，鲜有从机会警觉性、资源警觉性的视角出发分析高管警觉性对企业财务绩效影响的研究。因此，本书基于国内外学者对警觉性内涵与机制的研究，将高管警觉性细分为机会警觉性、资源警觉性。

在问卷说明中，笔者详细阐述了本调研的研究目的，并承诺对调研结果进行保密，以确保受访者排除不必要的干扰，如实回答问卷中提出的问题。

1. 高管警觉性量表的确定

Kaish 等（1991）最早开发的警觉性测量工具包括两个维度：阅读的警觉性和开放思维的警觉性。在随后的研究中，苗青（2008）开发出对企业家警觉性进行测量的量表，该量表由 15 个题项组成，在构念上由探求挖掘、重构框架、敏锐预见三个维度组成，该划分得到国内研究警觉性的相关学者的广泛应用。Ray 和 Cardozo（1996）以及 Li（2013）拓展了警觉性的外延，认为高管人员对资源的警觉性也会影响资源与企业战略目标的匹配性。

本书关于高管警觉性的量表摘选自苗青（2008）和 Li（2013）编制的量表，总共包含 14 个测量项目。具体来说，测量机会警觉性的题项有 8 个，测量资源警觉性的题项有 6 个。本书将高管警觉性的测量维度确定为资源警觉性（RA）、机会警觉性（OA），在调研问卷中，使用李克特五级量表对高管警觉性的相关题项进行测量，并对量表进行了信度和效度的分析，同时结合受访企业的实际情况，最终形成包含 14 个题项的测量量表。具体的测量题项如表 4 - 1 所示。

表 4 – 1 高管警觉性测量题项

维度	代码	题项
机会警觉性	OA1	我总是试着从日常生活中搜寻商业机会
	OA2	我的商业设想来自对日常工作的挖掘和洞察
	OA3	我会投入较多的时间来思考市场变化并利用潜在的机会
	OA4	我通过各种媒介来获悉商业动态并加以利用
	OA5	我理解并认可网络为企业带来的机会价值
	OA6	我了解竞争者的情况并获取必要的信息与知识
	OA7	在处理日常工作时，我会根据企业实际尝试寻找新的业务或方法
	OA8	同时面对多种机会时，我常常能选择最好的一个
资源警觉性	RA1	我经常发现工作中尚未充分利用的资源并根据其特点加以匹配
	RA2	我时常根据战略目标在各部门之间配置利用潜在的知识资源
	RA3	我经常根据既定目标绑定并利用各类资源
	RA4	我经常根据环境的不同而利用个人和组织的资源禀赋来撬动其他的资源为本企业服务
	RA5	我经常看到有用的资源
	RA6	我经常根据组织战略目标将看似不相关的资源重组联合

资料来源：笔者根据苗青（2008）和 Li（2013）编制的量表整理得出。

2. 组织变革策略行为量表的确定

组织变革策略为本书的中介变量，本书借鉴 Dunphy 和 Stace（1992）对组织变革策略的分类，将组织变革策略分为变革规模和变革领导风格两个维度，用以对组织变革策略进行测量。在调研问卷中，使用李克特五级量表对组织变革策略的相关题项进行测量，通过初步的信度和效度分析，结合受访企业的具体情况，最终形成包含 11 个题项的测量量表。具体的测量题项如表 4 – 2 所示。

表4-2 组织变革策略的测量题项

维度	代码	题项
变革规模	TS1	组织变动涉及部门重组的程度较高
	TS2	组织变动时部门间权力重新分配的程度较高
	TS3	组织变动时通常会建立新的组织部门并进行新的任职安排
	TS4	组织变动时通常会改变原先的工作流程与协调机制
	TS5	组织变动后各部门的工作目标通常会被重新界定
变革领导风格	TL1	我经常与下属讨论组织变动的决策
	TL2	组织变动时得到了员工广泛的参与
	TL3	组织变动会依照员工专长分派任务
	TL4	组织变动时在工作分配过程中会征询员工意见
	TL5	组织变动时不会以命令形式或行使正式职权化解冲突
	TL6	组织变动时不会强迫员工接受事先已经决定的决议

资料来源：笔者根据 Dunphy 和 Stace（1992）的研究整理得出。

3. 竞争张力量表的确定

Chen 等（2007）通过动态竞争的概念化衡量指标，来评估与衡量企业与竞争者之间的竞争张力，姚梅芳等（2016）借鉴了其量表并证实其信度和效度均较高。

竞争张力的测量量表由 5 个题项组成，在调研问卷中使用李克特五级量表对竞争张力的相关题项进行测量。具体测量题项如表4-3所示。

表4-3 竞争张力测量题项

维度	代码	题项
竞争张力	CT1	针对同行业的竞争行动，本企业会快速地反应
	CT2	当本企业采取竞争行动时，我们会事先预测同行业竞争对手可能的回应
	CT3	针对同行业的竞争行动，本企业通常不会回应（反向题）

续表

维度	代码	题项
竞争张力	CT4	本企业随时掌握同行业的动态，来机动调整本企业的竞争策略
	CT5	本企业会快速地解读同行业企业采取某项竞争行动的目的与影响

资料来源：根据 Chen 等（2007）的研究得出。

4. 企业财务绩效量表的确定

现有研究普遍通过企业的赢利能力以及成长能力来对企业财务绩效进行评价，本书借鉴 Zhang 和 Rajagopalan（2010）对企业财务绩效的研究，对本次调研中受访企业的财务绩效进行测量。本书对企业财务绩效的测量量表由 5 个题项组成。在调研问卷中使用李克特五级量表对企业财务绩效的相关题项进行测量。具体测量量表如表 4 - 4 所示。

表 4 - 4　财务绩效测量题项

维度	代码	题项
企业财务绩效	FP1	在过去三年里，本企业总资产增长率较高
	FP2	在过去三年里，本企业营业利润增长率较高
	FP3	在过去三年里，本企业净利润较高
	FP4	在过去三年里，本企业营业利润率较高
	FP5	在过去三年里，本企业净资产收益率较高

资料来源：根据 Zhang 和 Rajagopalan（2010）的研究整理得出。

5. 控制变量的确定

鉴于企业年限、企业规模、高管学历以及企业类别对企业财务绩效的影响，将上述变量作为本书的控制变量，从而排除这些因素对企业财务绩效的影响。

本书的控制变量如下。

（1）企业年限（age）。由受访者填写成立时间，成立年限用

2015 减去成立时间,以年为单位。

（2）企业规模（size）。以企业人数来表示,成员人数小于 50 人为一级,成员人数在 50～100 人为二级,成员人数在 101～200 人为三级,成员人数在 200 人以上为四级。

（3）高管学历（education degree）,本书将学历变量分为 5 级:研究生及以上;本科;大专;高中或中专;初中及以下。

（4）企业类别（type）,即企业是否为高科技企业。答案为"是"或者"否",由受访者直接填写。

第五章

高管警觉性对企业财务绩效影响的实证分析

本书采用定性与定量相结合、理论与实证相结合的方式进行研究。首先，梳理主要构念之间的关系，构建本书的理论框架，并提出研究假设。其次，通过面对面访谈的方式完成问卷，回收数据。最后，对调研数据进行统计分析以检验假设。本书所使用的统计分析方法包括描述性统计分析、信度与效度分析、相关分析、结构方程分析等。

第一节　数据收集与样本特征

一　数据收集

本书选择我国东北三省的高新技术企业和传统企业作为调研对象，在问卷发放区域上，确定在大连、沈阳、哈尔滨、长春和四平五地通过面对面访谈的方式完成和回收问卷，向符合国家认定标准的高新技术企业和传统企业发放调研问卷。在调研问卷填写人员选择上，本书选择向高管团队发放问卷。由于企业高管熟悉企业的整体发展情况以及企业战略层面的决策，他们对企业的运作与管理有很好的了解，能够满足研究的需要，因此选择高管作为问卷调查对象能够获得可信度与效度都较高的原始数据资料。

本次调查采取人工发放调研问卷并直接填写、回收的方式进行。与调研对象面对面地沟通，可以使受访人员更精确地了解本次调研的目的与相关情况，在这种情况下回收的调研问卷的准确度将更高。调研分为预调研和正式调研两个阶段进行，初期的预调研是为了检查调研内容是否可行，所以历时相对较短。经过预调研，研究人员对调研内容进行了修改，使问卷内容更加通俗易懂、语义更加明确，避免了由于问卷设计上的缺陷而影响正式调研的结果。正式的数据调研从 2015 年 3 月开始直至 9 月结束，整个过程历时近 6 个月。

Chen 和 Miller（2012）以及 Bloodgood（2006）认为，战略的实施以及效用的发挥均需要一定的时间，也需要组织内部的调整，因此当期战略对绩效的影响也许会存在一定的时滞（当然也有马上发挥作用的战略决策）。为了进一步完善本书，我们在 2016 年 9~12 月通过各种途径联系了上述企业，并对其财务绩效数据（总资产增长率、营业利润增长率、净利润变化率、营业利润率、净资产收益率）进行了第二次收集，通过跨期数据体现组织战略变革的效应①。在此次调研活动中，调研人员总共发放纸质调查问卷 331 份，收回问卷 212 份，问卷回收率为 64.05%。结合第一次和第二次的数据收集情况，我们从 212 份调研问卷中筛选出有

① 关于跨期绩效数据的收集得到了沈阳中小企业管理局梁鑫的帮助，同时感谢沈阳市委党校于东明博士在本部分给予的帮助。关于跨期数据的使用，Stam 和 Elfring（2008）认为，当期数据或者同批次调研的自变量和因变量可能会出现不相关的情况，但是，当使用跨期数据时，自变量和因变量的关系会呈现出显著性，这是战略滞后性使然。所以对于战略决策的研究，我们应该更多地使用跨期数据而非当期数据。

效问卷 208 份，有效问卷回收率为 62.84%。

二 样本特征

本次调查问卷的样本特征如表 5 - 1 所示。

表 5 - 1　调查样本特征（N = 208）

题目	选项	个数（个）	占比（%）
年龄	20 ~ 30 岁	5	2.4
	31 ~ 40 岁	22	10.6
	41 ~ 50 岁	91	43.8
	50 岁以上	90	43.3
学历	研究生及以上	8	3.8
	本科	39	18.8
	大专	59	28.4
	高中或中专	51	24.5
	初中及以下	51	24.5
职位	总裁	9	4.3
	董事长	12	5.8
	总经理	84	40.4
	财务总监	52	25.0
	运营总监	51	24.5
企业类别	高科技企业	118	56.7
	传统企业	90	43.3
成立时间	小于 6 年	80	38.5
	6 ~ 8 年	69	33.2
	9 ~ 10 年	28	13.5
	大于 10 年	31	14.9

续表

题目	选项	个数（个）	占比（%）
股权性质	个人独资企业	7	3.4
	民营企业	57	27.4
	私营企业	100	48.1
	外商独资企业	44	21.2
家族企业	是	62	29.8
	否	146	70.2
企业人数	少于 51 人	135	64.9
	51～100 人	53	25.5
	多于 100 人	20	9.6

第二节　信度与效度检验

信度分析又称可靠性分析，用来度量综合评价体系是否具有一定的稳定性和可靠性，是必要的检验方式，能为问卷的可靠性以及稳定性提供合理的保证。信度是一种对于测量标准的精准度表示，要求标准表描述与测量工具保持一致，确保最终测量的结果能够符合标准，确保误差在可接受范围内。值得注意的是，总量表以及各层面量表都是信度分析的主要因素。我们一般用克伦巴赫系数（α系数）来衡量问卷信度的大小，并辅之以组合信度来完善信度检验，α系数越大，问卷信度越高，即问卷的可信性和稳定性越高。本书基于吴明隆（2009）对α系数的研究，将α系数的判断原则进行整理，如表5－2所示。学者们普遍认为，在探索性分析中，当α系数达到0.7，则认为量表具有较高信度，本书将沿用这一标准。

表 5 - 2　α 系数的判断标准

α 系数	判断结果
α < 0.35	非常不理想，舍弃不用
0.35 ≤ α < 0.50	不理想，舍弃不用
0.5 ≤ α < 0.7	勉强接受，最好增加或删除题项，或者修改语句
0.7 ≤ α < 0.8	信度相当高
0.8 ≤ α < 0.9	量表信度非常高

注：根据吴明隆（2009）对 α 系数的研究整理得出。

在信度水平达标的情况下，为了保证问卷题项的设置能真实有效地反映变量的含义，我们还需要继续对问卷的效度进行分析，效度的大小是反映问卷有效性的重要指标。平均提炼方差（AVE）一般用于评定量表的聚合效度。当 AVE 值大于 0.5 的临界值时，整个量表的聚合效度满足要求（Fornell and Larcker, 1981）。相关分析能够为其他分析奠定基础。

本书采用 SPSS 20.0 对高管警觉性的各个维度（机会警觉性、资源警觉性）、组织变革策略（变革规模、变革领导风格）、竞争张力及企业财务绩效量表进行信度和效度检验。

一　高管警觉性量表的信度与效度检验

本书运用 SPSS 20.0 对高管警觉性的两个维度进行信度和效度检验，结果见表 5 - 3。从表 5 - 3 中可以看出，机会警觉性、资源警觉性两个维度的 α 系数分别为 0.796 和 0.771，均大于 0.7，各维度包含的题项的因子载荷系数也都大于 0.5，并且其组合信度 CR 分别为 0.917 和 0.890，均大于 0.6，各维度的平均提炼方差 AVE 分别为 0.579 和 0.576，大于参考标准 0.5，验证性因子分析的拟合指标 CFI 和 NFI 都大于 0.9，RSMEA 都小于 0.08，都达到标准值，整体上说明高管警觉性量表包含的机会警觉性、资源警觉性具有较高的信度，效度也是可以接受的。

表 5 - 3　高管警觉性量表的信度和效度检验

维度	题项	因子载荷系数	CR	AVE
机会警觉性 α = 0.796 CFI = 0.913 NFI = 0.947 RSMEA = 0.054	我总是试着从日常生活中搜寻商业机会	0.814	0.917	0.579
	我的商业设想来自对日常工作的挖掘和洞察	0.739		
	我会投入较多的时间来思考市场变化并利用潜在的机会	0.697		
	我通过各种媒介来获悉商业动态并加以利用	0.811		
	我理解并认可网络为企业带来的机会价值	0.792		
	我了解竞争者的情况并获取必要的信息与知识	0.744		
	在处理日常工作时，我会根据企业实际尝试寻找新的业务或方法	0.763		
	同时面对多种机会时，我常常能选择最好的一个	0.721		
资源警觉性 α = 0.771 CFI = 0.948 NFI = 0.929 RSMEA = 0.067	我经常发现工作中尚未充分利用的资源并根据其特点加以匹配	0.799	0.890	0.576
	我时常根据战略目标在各部门之间配置利用潜在的知识资源	0.831		
	我经常根据既定目标绑定并利用各类资源	0.727		
	我经常根据环境的不同而利用个人和组织的资源禀赋来撬动其他的资源为本企业服务	0.697		
	我经常看到有用的资源	0.733		
	我经常根据组织战略目标将看似不相关的资源重组联合	0.758		

二 组织变革策略量表的信度与效度检验

从表 5 - 4 中可以看出，变革规模、变革领导风格两个维度的 α 系数分别为 0.763 和 0.775，均大于 0.6，各维度包含的题项的因子载荷系数也都大于 0.5，并且其组合信度 CR 分别为 0.871 和 0.896，均大于 0.6，各维度的平均提炼方差 AVE 分别为 0.576 和 0.589，均大于参考标准 0.5，验证性因子分析的拟合指标 CFI 和 NFI 都大于 0.9，RSMEA 都小于 0.08，都达到标准值，整体上说明组织变革策略量表包含的变革规模、变革领导风格具有较高的信度，效度也是可以接受的。

表 5 - 4 组织变革策略量表的信度和效度检验

维度	题项	因子载荷系数	CR	AVE
变革规模 α = 0.763 CFI = 0.954 NFI = 0.917 RSMEA = 0.058	组织变动涉及部门重组的程度较高	0.784	0.871	0.576
	组织变动时部门间权力重新分配的程度较高	0.736		
	组织变动时通常会建立新的组织部门并进行新的任职安排	0.667		
	组织变动时通常会改变原先的工作流程与协调机制	0.803		
	组织变动后各部门的工作目标通常会被重新界定	0.795		
变革领导风格 α = 0.775 CFI = 0.936 NFI = 0.947 RSMEA = 0.061	我经常与下属讨论组织变动的决策	0.748	0.896	0.589
	组织变动时得到了员工广泛的参与	0.793		
	组织变动会依照员工专长分派任务	0.788		
	组织变动时在工作分配过程中会征询员工意见	0.783		
	组织变动时不会以命令形式或行使正式职权化解冲突	0.731		
	组织变动时不会强迫员工接受事先已经决定的决议	0.758		

三 竞争张力量表的信度与效度检验

从表 5 - 5 中可以看出，竞争张力的 α 系数为 0.824，大于 0.6，对应题项的因子载荷系数也都大于 0.5，并且其组合信度 CR 为 0.906，大于 0.6，平均提炼方差 AVE 为 0.660，大于参考标准 0.5，验证性因子分析的拟合指标 CFI 和 NFI 均大于 0.9，RSMEA 小于 0.08，都达到标准值，整体上说明竞争张力量表具有较高的信度，效度也是可以接受的。

表 5 - 5　竞争张力量表的信度和效度检验

维度	题项	因子载荷系数	CR	AVE
竞争张力 $\alpha = 0.824$ CFI = 0.993 NFI = 0.988 RSMEA = 0.032	针对同行业的竞争行动，本企业会快速地反应	0.844	0.906	0.660
	当本企业采取竞争行动时，我们会事先预测同行业竞争对手可能的回应	0.798		
	针对同行业的竞争行动，本企业通常不会回应（反向题）	0.837		
	本企业随时掌握同行业的动态，来机动调整本企业的竞争策略	0.815		
	本企业会快速地解读同行业企业采取某项竞争行动的目的与影响	0.764		

四 企业财务绩效量表的信度和效度检验

从表 5 - 6 中可以看出，企业财务绩效的 α 系数为 0.758，大于 0.6，对应题项的因子载荷系数也都大于 0.5，并且其组合信度 CR 为 0.869，大于 0.6，平均提炼方差 AVE 为 0.570，大于参考标准 0.5，验证性因子分析的拟合指标 CFI 和 NFI 均大于 0.9，

RSMEA 小于 0.08，都达到标准值，整体上说明企业财务绩效量表具有较高的信度，效度也是可以接受的。

表 5 – 6   企业财务绩效量表的信度和效度检验

维度	题项	因子载荷值	CR	AVE
企业财务绩效 α = 0.758 CFI = 0.931 NFI = 0.929 RSMEA = 0.048	在过去三年里，本企业总资产增长率较高	0.726	0.869	0.570
	在过去三年里，本企业营业利润增长率较高	0.753		
	在过去三年里，本企业净利润较高	0.802		
	在过去三年里，本企业营业利润率较高	0.749		
	在过去三年里，本企业净资产收益率较高	0.743		

五   各量表的区别效度

区别效度的检验主要是比较潜变量的 AVE 的平方根与其他潜变量之间相关系数的绝对值，判别效度的检验结果如表 5 – 7 所示。从表 5 – 7 中可以看到各个潜变量的 AVE 的平方根介于 0.755 到 0.812 之间，各个潜变量之间相关系数的绝对值介于 0.172 到 0.473 之间，所有潜变量 AVE 的平方根均大于各个潜变量之间相关系数的绝对值，表明这些潜变量之间具有很好的区别效度。

第三节   结构方程与假设检验

一   路径图

本书的假设检验路径如图 5 – 1 所示，从图 5 – 1 可以得出如下结论。

表 5-7 变量相关系数矩阵和平均提炼方差 AVE 的平方根

	1	2	3	4	5	6	7	8	9	10
1 企业年限	—									
2 企业规模	0.104	—								
3 高管学历	0.073	0.091	—							
4 企业类别	-0.049	0.113$^+$	0.082	—						
5 资源警觉性	0.137*	0.159*	0.100$^+$	0.098	0.761					
6 机会警觉性	0.091	0.317***	0.138*	0.271***	0.285***	0.759				
7 变革规模	0.164*	0.245***	0.254***	0.074	0.363***	0.219**	0.759			
8 变革领导风格	0.207**	0.095	0.106$^+$	0.119*	0.197**	0.473***	0.422***	0.767		
9 竞争张力	-0.103$^+$	-0.193**	0.061	-0.093	0.146*	0.384***	0.209**	0.238***	0.812	
10 企业财务绩效	0.084	0.104$^+$	0.178**	0.192**	0.354***	0.217**	0.172**	0.316***	0.371***	0.755
AVE					0.579	0.576	0.576	0.589	0.660	0.570

注: $^+$ 表示 $P<0.1$，* 表示 $P<0.05$，** 表示 $P<0.01$，*** 表示 $P<0.001$。对角线上的数值为 AVE 的平方根。

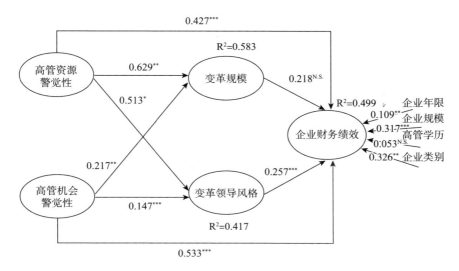

图 5 - 1 假设检验路径

注：* 表示 P < 0.05，** 表示 P < 0.01，*** 表示 P < 0.001，N.S. 表示不显著。

　　高管机会警觉性对企业财务绩效的标准化路径系数为 0.533，对应的 P 值在 0.001 水平下显著，说明高管机会警觉性对企业财务绩效有显著的正向影响，假设 1 提出机会警觉性与企业财务绩效正相关，该假设通过检验，即企业高管的机会警觉性越高，越有益于企业财务绩效的提升。高管资源警觉性对企业财务绩效的标准化路径系数为 0.427，对应的 P 值在 0.001 水平下显著，说明高管资源警觉性对企业财务绩效有显著的正向影响，假设 2 提出资源警觉性与企业财务绩效正相关，该假设通过检验，即企业高管的资源警觉性越高，越有益于企业财务绩效的提升。变革规模对企业财务绩效的标准化路径系数为 0.218，对应的 P 值没有达到显著水平，说明变革规模对企业财务绩效没有显著的正向影响，假设 3 提出变革规模与企业财务绩效正相关，该假设未通过检验。变革领导风格对企业财务绩效的标准化路径系数为 0.257，对应的 P 值在 0.001 水平下显著，说明变革领导风格对企业财务绩效有显著的正向影响，假设 4 提出变革领导风格与企业财务绩效正相关，该假设通过检验。控制变量中，企业年限、企业规模和企业类别对财务绩效都有显著的正向影响。R^2 为 0.499，说明本书模型中高管资源警觉性、高管机会警觉性、变革规模、变革领导风格以及控制变量企业年限、企业规模等对企业财务绩效的解释率可以达到 49.9%。高管机会警觉性对变革规模的标准化路径系数为 0.217，对应的 P 值在 0.01 水平下显著，说明高管机会警觉性对变革规模有显著的正向影响，假设 5 提出机会警觉性与变革规模正相关，该假设通过检验，即企业高管的机会警觉性越高，越会影响企业规模的改变。高管机会警觉性对变革领导风格的标准化路径系数为 0.147，对应的 P 值在 0.001 水平下显著，说明高管机会警觉性对变革领导风格有显著的正向影响，假设 6 提出机会警觉性与变革领导风格正相关，该假设通过检验，即企业高管的机会警觉性越高，越会影响领导风格的改变。高管资源警觉性对变革规模的标准化路径系数为 0.629，对应的 P 值在 0.01 水平下显著，说明高管资源警觉性对变革规模有显著的正向影响，假设 7 提出资源警觉性与变革规模正相关，该假设通过检验，即企业高管的资源警觉性越高，越会影响企业规模的改变。高管资源警觉性对变革领导风格的标准化路径系数为 0.513，对应的 P 值在 0.05 水平下显著，说明高管资源警觉性对变革领导风格有显著的正向影响，假设 8 提出资源警觉性与变革领导风格正相关，该假设通过检验，即企业高管的资源警觉性越高，越会影响领导风格的转变。变革规模的 R^2 为 0.583，说明高管资源警觉性、高管机会警觉性对变革规模的解释率达到 58.3%。变革领导风格的 R^2 为 0.417，说明高管资源警觉性、高管机会警觉性对变革领导风格的解释率达到41.7%。

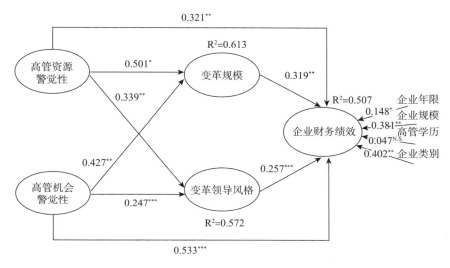

图 5 - 2　企业财务绩效的拟合路径

注：* 表示 P < 0.05，** 表示 P < 0.01，*** 表示 P < 0.001，N.S. 表示不显著。

图5-2表明，在分析自变量与因变量（企业财务绩效）的关系时，模型的拟合解释力高于图5-1所示的解释力，而且变革规模与企业财务绩效表现出了显著性。因此，变革规模与企业财务绩效正相关。

二　组织变革策略对高管警觉性与企业财务绩效关系中介作用的检验

假设9至假设12试图说明组织变革策略对高管警觉性与企业财务绩效关系的中介作用。

本书运用 Mplus7.0 软件对组织变革策略的中介作用进行检验。设定样本量为5000，Bootstrap取样方法选择偏差校正的非参数百分位法，置信度选择95%。具体的检验结果见表5-8。

表 5 - 8   组织变革策略中介作用的检验结果

	Boot SE	95% LLCI	95% ULCI	结论
资源警觉性→变革规模→企业财务绩效	0.235***	0.128	0.393	成立
机会警觉性→变革规模→企业财务绩效	0.091	-0.037	0.169	不成立
资源警觉性→变革领导风格→企业财务绩效	0.197**	0.133	0.314	成立
机会警觉性→变革领导风格→企业财务绩效	0.142***	0.013	0.176	成立

注：LLCI 表示置信区间下限，ULCI 表示置信区间上限，二者之间若包含 0，则表示结果不显著，若不含 0，则表示结果显著。其中，*** 表示 P < 0.001，** 表示 P < 0.01。

表 5 - 8 的结果表明：变革规模在资源警觉性对企业财务绩效的正向影响中的 Bootstrap 中介效应检验的标准化估计系数为 0.235，在 0.001 水平下显著，其置信区间为 [0.128，0.393]，不包含 "0"，说明变革规模在资源警觉性对企业财务绩效的正向影响中起到中介作用，假设 11 提出变革规模在资源警觉性与企业财务绩效之间起到中介作用，该假设通过检验。

变革领导风格在资源警觉性对企业财务绩效的正向影响中的 Bootstrap 中介效应检验的标准化估计系数为 0.197，在 0.01 水平下显著，其置信区间为 [0.133，0.314]，不包含 "0"，说明变革领导风格在资源警觉性对企业财务绩效的正向影响中起到中介作用，假设 12 提出变革领导风格在资源警觉性与企业财务绩效之间起到中介作用，该假设通过检验。

变革规模在机会警觉性对企业财务绩效的正向影响中的 Bootstrap 中介效应检验的标准化估计系数为 0.091，没有达到显著水平，其置信区间为 [-0.037，0.169]，包含 "0"，并不显著，说明变革规模在机会警觉性对企业财务绩效的正向影响中没有起到中介作用，假设9提出变革规模在机会警觉性与企业财务绩效之间起到中介作用，该假设未通过检验。

变革领导风格在机会警觉性对企业财务绩效的正向影响中的Bootstrap中介效应检验的标准化估计系数为0.142，在0.001水平下显著，其置信区间为 [0.013，0.176]，不包含"0"，说明变革领导风格在机会警觉性对企业财务绩效的正向影响中起到中介作用，假设10提出变革领导风格在机会警觉性与企业财务绩效之间起到中介作用，该假设通过检验。

三　竞争张力对组织变革策略与企业财务绩效关系的调节作用的检验

本书使用 Mplus7.0 软件对有关调节效应的假设进行检验，如表 5 - 9 所示。

表 5 - 9　调节效应假设的检验结果

变量		企业财务绩效	
		模型 1	模型 2
控制变量	企业年限	0.217***	0.208***
	企业规模	0.093	0.091
	高管学历	0.016	0.019
	企业类别	0.132**	0.140*
自变量	资源警觉性	0.382***	0.413**
	机会警觉性	0.152**	0.189*
中介变量	变革规模	0.313***	
	变革领导风格		0.253***
调节变量	竞争张力	0.096	0.081

续表

变量		企业财务绩效	
		模型 1	模型 2
交互项	竞争张力 × 变革规模	0.103 +	
	竞争张力 × 变革领导风格		0.097 ***
拟合指标	RMSEA	0.053	0.079
	CFI	0.987	0.973
	TLI	0.939	0.912
	P	0.000	0.003
	SRMR	0.020	0.027

注：*** 表示 $P < 0.001$，** 表示 $P < 0.01$，* 表示 $P < 0.05$，+ 表示 $P < 0.1$。

　　模型 1 是以变革规模作为中介变量进行的回归分析，结果显示变革规模、变革领导风格的标准化回归系数对应的 P 值都小于0.05，达到显著性水平。中介变量变革规模的标准化回归系数为0.313，在 0.001 水平下显著。加入的调节效应"竞争张力 × 变革规模"的标准化回归系数为 0.103，在 0.1 水平下显著，说明竞争张力可以调节变革规模对企业财务绩效的正向影响，进一步说明在高竞争张力的条件下，变革规模对企业财务绩效的正向影响比在低竞争张力条件下变革规模对企业财务绩效的正向影响大。假设 13 提出竞争张力对变革规模与企业财务绩效的正向关系具有显著的调节作用，该假设通过检验。

　　模型 2 是以变革领导风格作为中介变量进行的回归分析，结果显示变革规模、变革领导风格的标准化回归系数对应的 P 值都小于0.05，达到显著性水平。中介变量变革领导风格的标准化回归系数为 0.253，在 0.001 水平下显著，加入的调节效应"竞争张力 × 变革领导风格"的标准化回归系数为 0.097，在 0.001 水平下显著，说明竞争张力可以调节变革领导风格对企业财务绩效的正向影响，进一步说明在高竞争张力的条件下，变革领导风格对企业财务绩效的正向影响比低竞争张力条件下的正向影响大。假设14提出竞争张力对变革领导风格与企业财务绩效的正向关系具有显著的调节作用，该假设通过检验。

四　竞争张力对组织变革策略在高管警觉性与企业财务绩效间的中介作用的调节效应的检验

本书运用 Mplus7.0 软件，将竞争张力作为调节变量，将资源警觉性、机会警觉性作为自变量，将企业年限、企业规模、高管学历、企业类别作为控制变量，分别以变革规模、变革领导风格作为中介变量对企业财务绩效进行回归分析（见表5–10）。

表 5–10　有调节的中介效应检验

①竞争张力在高管警觉性、变革规模、企业财务绩效中的调节作用					
		高（+1SD）	低（−1SD）	差异比较	结论
间接效应	资源警觉性→变革规模→企业财务绩效	0.312**	0.157***	0.155+	成立
	机会警觉性→变革规模→企业财务绩效	0.098*	0.053+	0.045	不成立
总效应	资源警觉性→企业财务绩效	0.694***	0.539***	0.155+	成立
	机会警觉性→企业财务绩效	0.250***	0.205**	0.045	不成立
②竞争张力在高管警觉性、变革领导风格、企业财务绩效中的调节作用					
		高（+1SD）	低（−1SD）	差异比较	结论
间接效应	资源警觉性→变革领导风格→企业财务绩效	0.233***	0.151***	0.082+	成立
	机会警觉性→变革领导风格→企业财务绩效	0.153***	0.091**	0.062**	成立

		高（＋1SD）	低（－1SD）	差异比较	结论
总效应	资源警觉性→企业财务绩效	0.646***	0.564**	0.082+	成立
	机会警觉性→企业财务绩效	0.342***	0.280**	0.062**	成立

注：*** 表示 $P < 0.001$，** 表示 $P < 0.01$，* 表示 $P < 0.05$，+ 表示 $P < 0.1$。

表 5 - 10 中的①是竞争张力在高管警觉性、变革规模、企业财务绩效中的调节作用，结果显示竞争张力高低组在资源警觉性→变革规模→企业财务绩效这一中介效应上的标准化估计差异比较为 0.155，在 0.1 水平下显著，说明资源警觉性→变革规模→企业财务绩效这一中介效应在竞争张力高低分组情况下显著不同，在高竞争张力条件下，中介效应相对于低竞争张力条件下更突出。假设 17 提出资源警觉性通过变革规模对企业财务绩效的非直接影响受到竞争张力的正向调节，该假设通过检验。竞争张力高低组在机会警觉性→变革规模→企业财务绩效这一中介效应上的标准化估计差异比较为 0.045，没有达到显著性水平，说明机会警觉性→变革规模→企业财务绩效这一中介效应在竞争张力高低分组情况下没有显著差异。假设 15 提出机会警觉性通过变革规模对企业财务绩效的非直接影响受到竞争张力的正向调节，该假设未通过检验。

表 5 - 10 中的②是竞争张力在高管警觉性、变革领导风格、企业财务绩效中的调节作用，结果显示竞争张力高低组在资源警觉性→变革领导风格→企业财务绩效这一中介效应上的标准化估计差异比较为 0.082，在 0.1 水平下显著，说明资源警觉性→变革领导风格→企业财务绩效这一中介效应在竞争张力高低分组情况下显著不同，在高竞争张力条件下，中介效应相对于低竞争张

力条件下更突出。假设 18 提出资源警觉性通过变革领导风格对企业财务绩效的非直接影响受到竞争张力的正向调节，该假设通过检验。竞争张力高低组在机会警觉性→变革领导风格→企业财务绩效这一中介效应上的标准化估计差异比较为 0.062，在 0.01 水平下显著，说明机会警觉性→变革领导风格→企业财务绩效这一中介效应在竞争张力高低分组情况下显著不同，在高竞争张力条件下，中介效应相对于低竞争张力条件下更突出。因此，数据结果表明在高竞争张力影响下，变革领导风格的中介效应显著，而在低竞争张力影响下，变革领导风格的中介效应并不显著。假设 16 提出机会警觉性通过变革领导风格对企业财务绩效的非直接影响受到竞争张力的正向调节，该假设通过检验。

综上所述，根据结构方程的验证结果，本书所提出的 18 条假设中，得到验证的有 15 条，未获得支持的有 3 条，具体情况见表 5-11。

表 5-11　假设检验汇总

序号	假设内容	说明
假设 1	机会警觉性正向影响企业财务绩效	通过假设
假设 2	资源警觉性正向影响企业财务绩效	通过假设
假设 3	变革规模正向影响企业财务绩效	未通过假设
假设 4	变革领导风格正向影响企业财务绩效	通过假设
假设 5	机会警觉性正向影响变革规模	通过假设
假设 6	机会警觉性正向影响变革领导风格	通过假设
假设 7	资源警觉性正向影响变革规模	通过假设
假设 8	资源警觉性正向影响变革领导风格	通过假设
假设 9	变革规模在机会警觉性与企业财务绩效之间起到中介作用	未通过假设
假设 10	变革领导风格在机会警觉性与企业财务绩效之间起到中介作用	通过假设
假设 11	变革规模在资源警觉性与企业财务绩效之间起到中介作用	通过假设
假设 12	变革领导风格在资源警觉性与企业财务绩效之间起到中介作用	通过假设

续表

序号	假设内容	说明
假设 13	竞争张力对变革规模与企业财务绩效的正向关系具有显著的调节作用	通过假设
假设 14	竞争张力对变革领导风格与企业财务绩效的正向关系具有显著的调节作用	通过假设
假设 15	机会警觉性通过变革规模对企业财务绩效的非直接影响受到竞争张力的正向调节	未通过假设
假设 16	机会警觉性通过变革领导风格对企业财务绩效的非直接影响受到竞争张力的正向调节	通过假设
假设 17	资源警觉性通过变革规模对企业财务绩效的非直接影响受到竞争张力的正向调节	通过假设
假设 18	资源警觉性通过变革领导风格对企业财务绩效的非直接影响受到竞争张力的正向调节	通过假设

第四节　本章小结

本章完成了对本书假设的实证分析验证。本书第四章完成了大样本抽样调查数据的收集，并对数据进行了信度和效度检验。在此基础上，本章运用 SPSS 20.0 软件分别对各企业高管警觉性的各维度（机会警觉性、资源警觉性）、组织变革策略（变革规模、变革领导风格）、竞争张力及企业财务绩效量表进行信度和效度检验，运用 Mplus 7.0 软件对高管警觉性和企业财务绩效的相关性、组织变革策略和企业财务绩效的相关性、竞争张力的调节作用和组织变革策略的中介效应分别进行数据分析，检验模型假设，并对结果进行了简单的解释。从数据处理结果可知，本书提出的假设多数得到了数据支持。为了方便后续的讨论，笔者将具体的假设检验结果汇总于表 5 - 11。

第六章

结果讨论与启示

在第五章实证分析结果的基础上，本章将结合动态竞争理论、TMT 相关理论、组织变革理论、战略选择理论，对高管警觉性、组织变革策略、竞争张力以及企业财务绩效间的关系进行深入探讨。

本书以高技术企业和传统企业为研究对象，构建了高管警觉性、组织变革策略、竞争张力以及企业财务绩效的理论模型，并探讨了高管警觉性对企业财务绩效、组织变革策略不同维度的影响，以及不同的组织变革策略对企业财务绩效的作用，最终揭示组织变革策略在高管警觉性向企业财务绩效转化路径中所发挥的中介效应，以及在竞争张力的调节作用下各变量对企业财务绩效的影响，以期为我国东北地区的企业提供指导，促进企业保持长久的竞争力。

第一节　结果讨论

本书主要探究的是高管警觉性、组织变革策略、竞争张力以及企业财务绩效之间的关系，目的是回答以下几个问题：第一，高管警觉性对企业财务绩效具有怎样的影响；第二，组织变革策略是如何影响企业财务绩效的；第三，高管警觉性对组织变革策略有着怎样的影响；第四，组织变革策略的不同维度在高管警觉性向企业财务绩效转化的路径中分别起到了怎样的作用；第五，竞争张力对组织变革策略的调节作用是怎样影响企业财务绩效的。结合现有理论与实地调研，笔者构建了本书的研究框架，并提出了 18 个研究假设，以期深入挖掘高管警觉性的两个维度对企业财务绩效的影响机制，并基于组织变革的视角分析了高管警觉性向企业财务绩效的转化路径。本书对东北三省的高技术企业和传统企业展开了广泛的实地调研，利用收集到的数据检验了高管警觉性、组织变革策略、竞争张力和企业财务绩效之间的关系，完成了对研究假设的实证检验。在验证假设之后，需要对已经支持的和未被支持的假设进行分析，以解释个中原因，并试图提供一些可供企业借鉴的建议。

一 高管警觉性与企业财务绩效关系的讨论

我国正处于转型经济条件下，机会为企业带来的收益具有极强的时效性，因此，对于企业高管来讲，能准确识别机会并迅速投入资源开发利用机会才能为组织带来更丰厚的收益，可见高管警觉性在机会识别以及资源配置过程中起到了至关重要的作用。所谓警觉性主要是指企业对成长过程中所形成的与企业发展相关的事物、时间、环境的及时关注，以及对某一市场需求的觉察和对新型资源组合的感知能力，高管警觉性则是强调在这一警觉性形成过程中高管人员将发现到的有利机会和资源整合起来，再以商业概念将需求与资源连接起来，从而达到改善企业财务绩效的目标。本书基于高管警觉性的两个维度，即机会警觉性、资源警觉性，分别研究了它们与企业财务绩效的关系。结果表明，高管警觉性的两个维度均与企业财务绩效呈正相关关系。

1. 机会警觉性对企业财务绩效的影响

对假设 1 的检验结果表明，企业高管的机会警觉性会对企业财务绩效产生积极的影响，即企业高管的机会警觉性越高，越有利于企业财务绩效的提升。研究进一步表明个体创造性、远见以及对新机会保持高度警觉性的能力的不同，也会导致企业间财务绩效的不同（Mosakowski，1998）。对商机的识别与利用是影响企业获得持续竞争力的重要因素（Gielnik et al.，2012；Sambasivan et al.，2009；Chandler and Hanks，1994），是企业成长的关键，同时也是提升企业财务绩效的重要因素之一（Sambasivan et al.，2009；Gielnik et al.，2012；徐凤增、周键，2016）。企业的创业行为往往从对机会的甄别开始，其目的是为企业创造价值。Shane和 Venkataraman（2000）也指出发现并利用有利于企业发展的机会是企业财富积累的基础，对机会的识别作为创业的核心，对企业的发展尤为重要。可见，机会只有在被发现或被创造时才能带来价值（Hansen et al.，2016），企业高管识别机会的能力在时代背景下被赋予重要的意义，识别机会、获取机会也是企业高管理解市场的基本表现。企业高管应当根据自身对市场的理解帮助企业适应快速发展的环境，随着理解的加深，高管识别能为企业带来潜在赢利机会的可能性会加大，这些被充分识别出来的机会能为企业带来核心竞争优势，对企业财务绩效的提升以及企业自身的发展起着至关重要的作用。

机会警觉性作为高管警觉性的维度之一对企业财务绩效的提升起着关键作用，机会警觉性的存在会促进高管人员对赢利机会的识别，提升企业财务绩效，使企业在激烈的竞争中获得一席之地，对我国东北三省高科技企业和传统企业的实证研究也充分说明了这一点。

2. 资源警觉性对企业财务绩效的影响

机会与资源是密不可分的（葛宝山等，2015），与机会一样，资源对企业财务绩效的提升也起着促进作用。对资源的获取与整合保持高度警觉性的高管能够根据市场法则，使资源配置达到最优化，不仅使企业的发展成本在一定程度上得到缩减，更提高了企业的收益成本比率，显著提升了企业财务绩效。对资源的获取与整合也有助于企业对创业机会的识别，并最终将其转化为企业财务绩效（Baron and Ensley，2006；Vaghely and Julien，2010）。资源基础观理论也指出，资源是一切组织活动的基础，也是产生绩效的关键要素。企业整合组织内部现有的资源以及外部获取的新资源的过程就是将资源转化为企业绩效的过程（Barney，2001；Eckhardt and Shane，2003；Denrell et al.，2010）。王庆喜、宝贡敏（2007）以及张君立等（2008）也从实证研究的角度验证了资源获取与企业发展的关系，他们均认为企业要想在激烈的竞争环境中立于不败之地、基业长青，就必须对资源保持警觉，这样才能为企业带来高额绩效，促进企业健康稳定地成长。近年来，为进一步探索资源警觉性与企业财务绩效的内在机制，有学者从创业网络嵌入的视角试图对资源对企业财务绩效的影响进行研究并取得了显著进展。企业间的资源差异所导致的财务绩效的不同也证明了资源与企业财务绩效间存在着千丝万缕的联系。高管人员资源警觉性的不断提升有助于组织更好地识别与获取稀缺的、有价值的以及不可替代性的资源，从而提升企业财务绩效，保持企业在市场中持续的竞争优势。

二 组织变革策略与企业财务绩效关系的讨论

1. 变革规模对企业财务绩效的影响

检验结果不支持变革规模与企业财务绩效正相关这一假设，本书分析产生这一结果的原因主要来自以下三点。首先，变革规模会影响组织复杂程度的提升，当组织业务出现扩张趋势时，组织专业化程度需要不断提升以应对工作分工细化、员工增加与管理层级增多的状况。此时部门的重组程度以及部门间权力重新分配的程度都会提高，并会建立新的组织部门或做出新的任职安排以应对员工与管理层级增多的状况。而这种不断提升的复杂化程度会带来组织内外部环境不稳定因素的增加，从而加大组织协调管理的难度。在这种情况下，高管人员做出正确判断的能力会有所下降，此时对规模实施变革并不必然带来企业财务绩效的提升。其次，Chen 和 Miller（2012）以及 Bloodgood（2006）也指出，对于绩效尤其是企业财务绩效而言，企业战略具有一定的滞后性，战略的实施以及效用发挥均需要一定的时间，因此当期战略对绩效的影响也许会存在一定的滞期，而本书通过同期财务绩效数据检验变革规模与企业财务绩效的关系，对战略实施与绩效形成之间的时间差没有予以考虑。最后，建立在改变企业原有规模基础上的组织变革所形成的新的组织结构、新的行为规范和新的人际关系等，都会在一定时期内成为变革的障碍，原本稳定的制度、程序也会因此支离破碎，从而影响企业财务绩效。基于上述三点原因，变革规模与企业财务绩效正相关的假设未得到支持。

2. 变革领导风格对企业财务绩效的影响

对假设 4 的检验结果表明，高管人员有效的领导风格会对企业财务绩效产生积极的影响。

　　有效的领导风格是改革的催化剂，具有前瞻性的领导者会在面临机遇时帮助企业顺应时代的变革与发展，领导企业走向成功。高管作为企业的领导者，对企业的发展具有举足轻重的作用。相较于其他变量，领导风格对企业财务绩效的影响更为突出（Weiner and Mahoney，1981）。Bergh等（2016）通过长时间大量的实证研究也证明了有效的领导风格会对企业财务绩效产生积极的影响。有效的领导风格能够使高管依照员工的专长分配具体任务，带动下属参与组织变革决策，并且在组织变革时使员工广泛参与。可见，高管对组织氛围的设定起到了至关重要的作用，在直接或间接促进员工创造力的同时，带来了企业财务绩效的提升（Wiengarten et al.，2017）。领导风格作为转型的关键因素之一，能够有效指导员工根据组织内外部环境所带来的变化做出正确的应对措施。领导风格的及时转变将有助于新的企业文化的形成，领导者通过将组织愿景和企业文化灌输给下属员工，让下属意识到组织目标以及个人使命的重要价值，激发下属的高级别需求以及创造性思维，使下属能够从组织整体利益而非个人利益出发，产生比预期更高的工作绩效。同时，有效的领导风格有助于建立长期激励过程以及营造创新性组织文化环境，从而培养具有创造性的员工，而员工创造性的提升会带来组织的创新，无论是组织技术上的创新还是商业模式上的创新，都有助于企业构建核心竞争力，从而对组织绩效产生积极影响。

　　本书的数据分析结果也显示不同的高管领导风格与企业财务绩效之间显著正相关。变革型领导风格可以加强组织成员间的有效沟通、激励员工的创新意愿、提升员工对工作的满意度，进而使员工具有更强的使命感，由此带来的生产率的提升以及工作质量的提高将会对企业财务绩效产生积极的作用。

三 高管警觉性与组织变革策略关系的讨论

1. 机会警觉性对组织变革策略的影响

假设 5（机会警觉性正向影响变革规模）和假设 6（机会警觉性正向影响变革领导风格）均通过检验。

在竞争不确定情况下，企业高管的机会警觉性有助于其对外部机会的认知与把握，在了解竞争者竞争态势的同时调整内部的变革策略。动态竞争理论强调了企业间的竞争态势对组织行动的影响，企业感知的竞争张力发展到一定程度将会打破企业间的短暂均衡，迫使企业不断强化对机会的警觉性，进一步催化企业之间的竞争，使目标企业在抓住机会的同时尽快采取回应行为，从而达到加强组织变革的目标。

企业高管大多是依据其对市场的认知或者潜意识来实现组织的战略目标，能这样自然发现机会的高管，对机会的警觉性自然要高于普通员工。高管对新机会的警觉性能使其迅速识别有利于企业发展的机会，新机会的萌生能够带来组织创新和变革。Kirzner（1978）也提出对机会高度警觉的高管会积极审视已发现的机会与企业战略的匹配性。Ko 和 Butler（2007）也从社会网络角度出发探讨了机会警觉性对组织战略的影响，他们发现，机会警觉性对组织战略决策具有显著的影响，机会警觉性促进了企业家精神的提升，将会驱动组织采取变革策略。因此，企业在进行组织变革时，一定要根据其所搜寻的商业机会来洞察市场及日常工作规范，利用市场变化来经营潜在的市场机会，并在此基础上实施变革策略，力求组织变革与潜在机会的匹配（Gaglio and Winter，2017）。同时，企业家还要积极利用多元化的媒体网络来获取商业动态，提升机会的价值，并根据机会的价值来进行部门间权力的重新分配。当企业家在实践中找到了新的业务或方法时，组织应根据业务需要建立新的部门并做出新的任职安排，进一步完善原有的工作机制和流程，实现组织、机会与外部环境的匹配。在警觉到机会并做出决策前，企业高层将凭借其能力与知识，评估出正确的方向，对组织规模做出适当的调整以及对领导风格做出适宜的变更。这类警觉性的存在能够保障企业高管搜寻到尚未发现的机会，有利于企业加快内部调整的速度，并及时做出对变革规模的调整，大大降低识别机会的难度。并且，具备有效领导风格的高管也能够鼓励下属用新观念来解读老问题，充分激发下属的创造性思维以应对识别出的新机会。

本书的数据分析结果也显示机会警觉性与变革规模、变革领导风格显著正相关。成功的领导者之所以能使企业在激烈的竞争中处于不败之地，关键因素之一是其不断地开启警觉性的天线，随时利用社会资源，应用相关的知识，吸收相关信息，发掘、评估和利用机会，在此基础上实施组织变革策略，并且促进领导风格的转变以及组织规模的调整。因此，企业要维持机会与战略的适配，也必然要采取果断的手段来实施企业转型，积极进行组织变革。

2. 资源警觉性对组织变革策略的影响

假设 7（资源警觉性正向影响变革规模）和假设 8（资源警觉性正向影响变革领导风格）均通过实证检验。

英国经济学家情报社联合安达信咨询公司针对世界 500 强的 300 余位高级经理所做的调查显示，企业正在经历迅速并富有挑战的变革且变革规模比以往任何时期都大，企业在核心竞争力之外都致力于寻求具有竞争优势的新资源。高管人员只有对这些新资源保持高度警觉性并配合适宜的组织变革策略才能充分地调配资源并使其效用最大化。Cady 和 Milz（2015）指出对模式和资源的更改也会带来组织变革，这些变化将直接引起企业管理方式的变化，高管人员也会在内部重新调整权力架构，保持组织的灵活性。由此可见，企业高管作为组织的领导者，在变革过程中当组织环境发生变化时，应当维护企业资源和企业活动的匹配性。企业高管对目前企业所拥有资源的认知效率越高、把握越准确，越有助于企业做出积极的组织战略变革，并采取积极有效的变革行动，促进领导风格的转变以及组织规模的调整，从而促使变革成功。同时，组织适应程度的提升也会导致组织的系统、步骤以及构成惯性、持续地运行下去，由于持续的惯性并不利于企业战略决策的变更，在这种情况下，企业为了保持组织能力将会定期进行组织的再适应能力测试，使组织具有灵活性和弹性，以应对企业在日常经营活动中发生的变化，这也是企业保证其健康稳定发展的重要生存法则。但由于资源优势具有黏性，企业的战略选择受到当前资源水平的限制，并依赖于资源水平。而领导风格的不同也会影响企业员工是否能够战略性地运用资源（Carter，2015）。这些无形因素形成了企业文化的独特性并且直接影响组织变革策略的形成，高管人员只有在对这些企业资源保持高度警觉性的基础上做出适宜的组织变革策略调整，才能充分调配资源并使其效用最大化。

四 组织变革策略中介作用的讨论

1. 组织变革策略在机会警觉性与企业财务绩效之间的中介作用

对假设 9 的研究结果表明，变革规模在机会警觉性与企业财务绩效间的中介作用不成立，原因可能在于伴随着组织规模的扩大，组织结构、组织控制和组织协调变得更正规和更复杂了（尤建新、邵鲁宁，2015），尤其是对于以规模为导向的传统企业而言，各个层级的人员面对规模调整所导致的复杂的流程更容易产生固化思维，变革在实际操作中往往处于"雷声大雨点小"的状态，并不能对外部环境的变化做出快速反应。因此，变革规模在机会警觉性与企业财务绩效间所起到的作用并不明显。

对假设 10 的研究结果表明，变革领导风格在机会警觉性与企业财务绩效之间的中介作用成立，即机会警觉性不仅对企业财务绩效有直接的影响，而且也能通过变革领导风格对企业财务绩效产生间接的影响。

在企业运营过程中，高管人员若只是识别了对本企业有利的机会，而不能在内部及时转变领导风格来克服思维的固化，那么这些已识别出的机会是不能为企业带来优势的，对机会的识别过程也将变得毫无意义，更有可能导致企业绩效的降低。因此，高管人员应当通过对相关知识的运用以及对相关信息的吸收发掘，评估和利用机会，提高机会警觉性，在此基础上完成领导风格的转变，营造有利于组织发展的气氛，通过制定适当的目标激励员工完成既定的任务，进而达到改善企业绩效促使企业成长的变革结果（Nguyen et al.，2017）。以往的绝大多数研究仅仅关注了机会对企业财务绩效的直接影响，而对机会如何转化为企业财务绩效的内在机制缺乏深入而清晰的理解。虽然也有学者探讨了企业高管的个人特质等因素在这一过程中发挥的作用，但鲜有文献深入分析在此背后发挥作用的机制，更没有很好地探索机会向企业财务绩效转化的路径。

可见，只有通过变革领导风格积极鼓励员工参与讨论，根据员工意见分派相关任务，并柔性地解决内部冲突，而不是强迫员工接受高层的突发决定（一般是基于突发的机会），高管的机会警觉性转变为企业财务绩效的路径才有保障，转变领导风格的效用才能得到体现（Ferrier and Lyon，2004）。本书深入剖析了变革领导风格在机会警觉性和企业财务绩效间的中介作用，并进行了实证检验。

2. 组织变革策略在资源警觉性与企业财务绩效之间的中介作用

在有限的资源约束条件下，适宜的组织变革策略是决定企业生存与发展的一个关键变量。Borch 等（1999）通过对企业资源的构建和企业竞争战略问题的研究证实了资源和企业战略之间存在着一致性关系。

对假设 11 的研究结果表明，变革规模在资源警觉性与企业财务绩效间的中介作用成立，即资源警觉性不仅对企业财务绩效有直接的影响，而且也能通过变革规模对企业财务绩效产生间接的影响。变革规模的引入为高管人员将资源警觉性转化为企业财务绩效提供了现实操作路径。变革规模提供了一种产生机制，通过这种产生机制资源会促进企业财务绩效的提升。臧维、艾静涛（2009）也指出企业规模的大小在研发资源的投入对企业财务绩效的影响机制中具有重要意义，即在不同规模下，高管人员对资源投入分配的不同将对企业财务绩效产生不同的影响。可见，高管人员在资源警觉性的驱动下对组织规模的调整会影响组织产出，从而带动企业财务绩效的提升。

对假设 12 的研究结果表明，变革领导风格在资源警觉性与企业财务绩效之间的中介作用成立，即资源警觉性不仅对企业财务绩效有直接的影响，而且也能通过变革领导风格对企业财务绩效产生间接的影响。

企业高管作为市场竞争的关键资源会影响企业的战略行为，作为企业战略决策的制定者，在市场非均衡的状态下，为了使企业能够持久地保持竞争优势，高管人员必须时刻保持自身对机会以及资源的警觉性。

现阶段，我国正处于资源配置以及经济发展方式转变的关键时期，在为企业提供大量机会的同时，也使企业在经营过程中面临严重的资源约束等问题。在这种情况下，组织对资源整合的需求程度提升，人力资源中越来越多的知识型员工走向工作岗位，使传统的领导风格面临严峻的挑战（方阳春、金惠红，2014）。有效的领导风格能保证企业在演进过程中进行有效的资源配置，制定出适当的阶段性变革策略，在价值创造中改进企业的财务绩效，提升企业的价值。

本书通过实证检验得出的结论也可证明变革规模、变革领导风格在资源警觉性与企业财务绩效之间以及变革领导风格在机会警觉性与企业财务绩效之间的中介作用存在。进一步说明我国企业在面对内部资源的限制和外部机会的挑战的宏观背景下，只有不断地对市场的变化做出反应，适时地进行组织变革策略的调整，企业的竞争优势和赢利能力才能够延续。

五　竞争张力调节作用的讨论

1. 竞争张力对组织变革策略与企业财务绩效的正向关系有显著的调节作用

假设 13 认为，竞争张力对变革规模与企业财务绩效的正向关系有显著的调节作用。这一结果表明多数类型的组织变革是受到竞争环境变化的驱使，激烈的竞争环境会促使企业提高感知竞争张力的强度，企业对竞争张力的感知强度越高，就越容易感知到同行业的竞争态势，企业间的短暂均衡格局就越会被打破，此时高管人员会根据市场变化和竞争对手的反应来不断地调整组织变革策略，同时对竞争对手可能采取的回应进行大胆的预测。针对同行业的竞争，企业在感知的同时还要随时掌握未来可能的竞争方向，及时调整组织的规模，通过战略调整来完善竞争策略。当高管感知的竞争张力逐渐提升的时候，企业会通过多样化的方式加速内部的变革，针对组织惯性的弊端做出规模上的改变。企业在竞争张力的影响下所呈现的对变革规模的调整能力的差异间接导致了企业间的差异，这种差异形成了不同企业绩效间的差异。

本书的数据分析结果也支持本部分提出的假设，即变革规模与企业财务绩效之间的关系受到竞争张力的调节作用。企业感知到的竞争张力越强，变革规模与企业财务绩效之间的正向关系越会受到显著的强化。

假设 14 认为竞争张力对变革领导风格与企业财务绩效间的正向关系有显著的调节作用，该假设通过实证验证。

笔者要研究的是在高管人员感知到较强的竞争张力时，其领导风格的变化将怎样影响整个团队，使整个团队能够积极努力地通过奋斗完成相关任务，实现企业财务绩效的提升。本书通过实证检验证实了当竞争张力逐渐提升时，企业高管积极地对领导风格进行调整与变革将会强化某一类绩效结果，当这种领导风格与外部环境对领导风格的要求相适应时，企业将会实现内部领导风格与外部环境的整体匹配，此时，对竞争张力的感知越强烈，调整后的领导风格对绩效的影响越大。Granstrand（2000）也提出，若目标企业的创新行为出现在竞争者的技术优势领域，其将承受较多的阻挠、威胁与攻击，导致目标企业承受较大的压力，此时，企业高管将会调整组织变革策略，实现对领导风格的转变，促使转变后的领导风格更有益于企业创新氛围的营造，使员工对创新目标产生新的认知并积极参与到创新活动中，同时加快对竞争对手的回应速度以应对竞争企业带来的市场冲击，从而提升企业的效能。反之，若高管已经感知到了竞争张力的"薄膜"即将破裂却不做出相应的组织变革，尤其是面对竞争对手咄咄逼人的竞争态势而无所作为，将使企业陷入"惰性竞争"的不利境地，不利于企业绩效的提升与改善。

本书通过实证研究证实了变革领导风格与企业财务绩效之间的关系受到竞争张力的调节作用，企业感知到的竞争张力越强，变革领导风格与企业财务绩效之间的正向关系越会受到显著的强化。

2. 机会警觉性通过组织变革策略对企业财务绩效的非直接影响受到竞争张力的正向调节作用

假设 15 认为机会警觉性通过变革规模对企业财务绩效的非直接影响受到竞争张力的正向调节，该假设未通过实证检验，原因可能如下。

当组织知觉到外部变化时，组织自身必须做出变革性调整，尤其是当其察觉的竞争张力较强时，组织变革将会带来优质的绩效，而这些行为和结果的前提是企业高管已经深入了解了组织外部存在的有价值的机会。但高管人员自身存在知识架构以及获取和解读信息能力的缺陷，直接影响了其把握和利用机会的能力，导致其可能并未有效地利用已识别出的机会，并且由于组织变动后通常会改变原先的工作流程与协调机制，各部门的工作目标也会被重新界定，在这种情况下高管人员即使感知到竞争张力并进行组织规模调整，也未必能达到财务绩效提升的效果。此外，高管虽然警觉到了潜在的、有价值的机会，然而组织当前的规模结构能够确保组织有效地利用此机会，因而在组织规模上未有变化或者变化缓慢。并且，即使高管感知到了新机会或者市场的变化，由于组织惯性的存在，企业想要迅速根据机会调整组织规模也是十分困难且耗时的。组织规模的变革是一个极其复杂的任务和过程，并不是能够在短期内解决的议题。因此，机会警觉性通过变革规模对企业财务绩效的非直接影响并不受到竞争张力的显著正向调节作用。

假设 16 认为机会警觉性通过变革领导风格对企业财务绩效的非直接影响受到竞争张力的正向调节，该假设通过检验。

竞争张力理论指出，企业的竞争行为将累积彼此的竞争张力，当竞争张力越来越大时，短暂的均衡将会在这种变化中被打破，导致双方竞争冲突的产生。冲突的出现又会促使高管人员重新认识企业面对的机会，并改变组织的相关战略决策。Chen 等（1996）认为，基于创新的警觉性有助于高管基于新的市场机会调整战略，捕捉并利用新机会，实现其商业化价值。市场环境变迁所带来的竞争张力，促使得高管人员通过转变领导风格来实现绩效的改善。

竞争张力的调节效应不仅有助于企业加强对机会的警觉性，还有助于企业根据自身对竞争张力的认知来强化组织在规模和领导风格方面的变革，进一步完善组织变革策略，为组织的发展奠定战略基础。在竞争者持续施压的环境下，高管人员对潜在机会越敏感，匹配机会和企业战略目标的能力就越强，提升企业财务绩效的效果越显著。拥有较强机会警觉性的企业高管将会调整组织策略，加快回应速度，并做出有利于绩效提升的领导风格方面的改变。可见，组织必须基于环境的变迁以及市场中竞争者的最新动向来识别机会与未被满足的需求，做出和企业发展相匹配的战略决策，不断调整、更新战略路线，实施变革，提升企业的核心竞争力。

本书的数据分析结果支持本部分提出的假设，即竞争张力在机会警觉性与企业财务绩效的非直接关系（通过变革领导风格）中起着调节作用。企业家实施组织变革的重要前提就是拥有警觉性，这样才可以主动获取、处理与利用宝贵的市场信息，在感知竞争张力的基础上，通过机会警觉性来扫描环境，进而改变组织变革策略，改善企业财务绩效。

3. 资源警觉性通过组织变革策略对企业财务绩效的非直接影响受到竞争张力的正向调节作用

假设 17 认为资源警觉性通过变革规模对企业财务绩效的非直接影响受到竞争张力的正向调节，该假设通过检验。

当竞争张力逐渐提升，组织会根据对内部资源的感知，系统地对企业规模进行调整和革新，改变原先的工作流程与协调机制，重新界定各部门的工作目标，以适应组织所处内外部环境、技术特征和组织任务等多方面的变化，从而提升组织效能。此时，变革规模在资源警觉性与企业财务绩效之间的作用将更加凸显。Grimm 和 Smith（1997）也指出竞争行动将会调节企业资源和企业绩效之间的关系。Ndofor（2011）将资源基础观和竞争态势相结合，认为竞争行动会使企业资源起到杠杆作用，从而提高企业绩效。因此，在动态的竞争环境下，竞争张力来自竞争双方相似的战略资源配置，企业管理层对目前企业所拥有资源的认知越准确，越有助于企业做出积极的战略变革，并采取有效的积极的变革行动。本书的数据分析结果支持本部分提出的假设，即竞争张力在资源警觉性与企业财务绩效的非直接关系中起着调节作用。

假设 18 认为资源警觉性通过变革领导风格对企业财务绩效的非直接影响受到竞争张力的正向调节，该假设通过检验。

企业对竞争张力的感知越强烈，基于资源调整的领导风格越能适应变化后的企业整体环境，从而强化某一类领导风格变革行为的绩效结果。随着感知竞争张力的程度的加深，变革领导风格在资源警觉性与企业财务绩效之间的作用也将更加凸显。

企业间竞争张力的存在要求企业高管根据市场环境的变化、自身具有的能力和资源决定某一时刻在哪些方面投入更多的资源，在哪些方面投入较少的资源，并积极实施领导风格的转变以加强对组织成员观念、态度和行为的调整与革新，从而提升企业的绩效。本书的数据分析结果也支持了本部分提出的假设，即竞争张力在资源警觉性与企业财务绩效的非直接关系中通过变革领导风格起着调节作用。

第二节　相关启示

第一，企业高管应当保持对市场灵敏的嗅觉，提升对市场中迅速变化的机会和资源的感知程度。

企业高管对资源以及有利于企业发展的商业机会保持警觉性将有助于企业了解主要竞争对手的资源配置情况、市场资源的动态变化以及本企业的资源与外部环境和机会的匹配性。当企业高管识别到有利于组织发展的机会以及意识到组织资源配置需要变化时，其应将发现的有利机会和资源整合起来，再以商业概念将需求与资源建立连接，从而达到对企业财务绩效的改善。

第二，组织变革的时机和程度一定要与内外部环境相匹配。

企业在合理设计组织结构之后，伴随着企业内外部环境的剧烈变化，在后续的经营过程中，仍需对组织结构中不适应企业发展的方面进行调整与修正，必要时还应对整个组织重新架构。大量实证研究结果显示：组织变革时机与模式的不匹配是导致70%的企业变革失败的重要原因。因此，正确把握组织变革的时机就显得至关重要，促使组织、高管人员以及员工在变革中具有更强的环境适应性也是组织变革的基本目标。

第三，企业在感知到竞争张力的存在时，应具备多套应对方案。

当企业外部环境发生急剧变化，竞争张力增强到足以将目标企业与竞争对手间的静态关系转化为动态关系时，之前彼此钳制下的短暂均衡将被打破，双方稳定的关系将不复存在。此时高管人员已经感知到竞争张力的薄膜即将出现破裂，在这种情形下，高管人员应根据市场环境发生的变化以及竞争对手的反应来不断地调整组织变革策略，同时对竞争对手可能采取的回应进行大胆的预测。针对同行业的竞争，企业在感知的同时还要随时掌握未来可能的竞争方向，及时调整组织的规模与领导风格方面的变革，通过战略调整来完善竞争策略。

竞争张力对于预测竞争性行动也具有重大贡献。企业通过客观衡量双方的竞争张力，有助于了解谁是将有可能采取攻击行动的发起者，或者哪一个竞争者对本企业的威胁较大需要优先注意。研究者只要分析企业与竞争者在市场面与资源面的竞争关系，便可以推导出竞争行为选择与发动的可能性。对任何行业竞争的研究都是如此，研究者可以从竞争双方、资源组合了解两者的创新竞争关系，并据此推断出本企业与主要竞争对手未来可能采取的战略变革策略。

第四，竞争张力的调节作用在企业发展中不容忽视。

我国目前关于高管警觉性、组织变革策略、竞争张力与企业成长的相关研究匮乏。分析竞争张力对企业战略选择与变革的影响将会进一步推动企业竞争优势与组织绩效的改善，当企业高管识别到有利于组织发展的机会并认识到组织资源配置需要变化时，会及时做出变革策略的调整进而提升组织效能。竞争张力的调节作用有助于企业利用机会警觉性与资源警觉性强化组织在规模和领导风格方面的变革，进一步完善组织变革策略，提升企业的效能，同时为组织的发展奠定战略基础。此时，组织变革策略在高管警觉性与企业财务绩效间的中介作用也会伴随着高管人员感知到的竞争张力的强化而更为凸显。

第三节　本章小结

本章主要探讨了高管警觉性、组织变革策略与企业财务绩效的关系，并探讨了竞争张力的调节作用。实证分析结果显示，本书提出的假设大部分通过，本章对已经成立与未成立的假设逐一进行分析，对数据分析结果进行了深入讨论，进而解释各个原因。高管警觉性、适宜的组织变革策略以及竞争张力是企业保持竞争力、实现可持续发展的关键途径，在竞争张力的调节作用下，高科技企业和传统企业的高管人员可以通过对外部机会的识别与对内部资源的有效利用，以及适宜的组织变革策略提升企业财务绩效。本书对我国的高科技企业以及企业的高管团队都具有一定的理论与实践价值。

| 第七章 |

研究结论与展望

本章在前文讨论的基础上，总结本书关于高科技企业和传统企业高管警觉性、组织变革策略、竞争张力与企业财务绩效的关系研究，分析本书的创新点，指出本书的不足之处并进行研究展望。

第一节　研究结论

本书在对基础理论（动态竞争理论、TMT 相关理论、战略选择理论、组织变革理论）进行分析回顾的基础上，对有关高管警觉性、组织变革策略、竞争张力以及企业财务绩效的研究进行理论综述。随后，笔者面向东北三省的高科技企业和传统企业大量发放调研问卷，对回收的有效问卷进行数据分析与处理，以验证本书所提出的 18 个假设。实证分析结果表明，本书所提出的假设大部分得到了支持。

首先，利用结构方程模型探究了高管警觉性、组织变革策略与企业财务绩效的关系，结果表明：高管警觉性对企业财务绩效有显著的影响。具体的影响主要有：资源警觉性对企业财务绩效有正向影响；机会警觉性对企业财务绩效有正向影响；变革领导风格对企业财务绩效有正向影响。但是，变革规模与企业财务绩效正相关的假设不成立。

其次，从高管警觉性出发，研究了高管警觉性的两个维度，即资源警觉性、机会警觉性对组织变革策略的作用机制，结果表明：高管警觉性对组织变革策略有显著影响。具体的影响主要有：资源警觉性对变革规模、变革领导风格均有正向影响；机会警觉性对变革规模、变革领导风格均有正向影响。

利用 Bootstrap 中介效应检验，探究了组织变革策略的中介作用，结果表明：不同的组织变革策略在高管警觉性与企业财务绩效之间扮演了不同的角色。具体的结果有：变革领导风格在资源警觉性与企业财务绩效、机会警觉性与企业财务绩效之间的中介作用存在，即资源警觉性和机会警觉性不仅对企业财务绩效有直接影响，还能通过组织变革策略产生间接的影响；变革规模在资源警觉性与企业财务绩效之间的中介作用存在，即资源警觉性不仅对企业财务绩效有直接影响，还能通过变革规模产生间接的影响；变革规模在机会警觉性与企业财务绩效之间的中介作用不存在。

最后，从动态竞争的视角出发，探讨竞争张力的调节作用，并提出了相应的研究假设，结果表明：竞争张力对组织变革策略与企业财务绩效之间的关系具有正向调节作用的假设成立。竞争张力对变革规模与企业财务绩效之间的关系具有正向调节作用；竞争张力对变革领导风格与企业财务绩效之间的关系具有正向调节作用；资源警觉性通过组织变革策略对企业财务绩效的非直接影响受到竞争张力的正向调节。但是，机会警觉性通过变革规模

对企业财务绩效的非直接影响受到竞争张力正向调节的假设不
成立。

第二节　本书的创新点

本书通过研究高管警觉性对组织变革策略的影响，进一步加
深了对高管警觉性与战略变革关系的理解，增加了动态竞争理论
在机会、资源层面的实证经验。此外，本书通过研究竞争张力作
为调节变量对企业财务绩效带来的影响，弥补了以往仅仅将竞争
张力作为控制变量的缺憾，扩大了理论适用范围。本书深入剖析
了高管警觉性对组织变革策略的影响，分析了两种组织变革策略
在高管警觉性与企业财务绩效之间的中介效应，弥补了现有关于
高管警觉性与组织变革策略研究的不足，具有一定的创新性。

第一，组织变革策略在高管警觉性与企业财务绩效之间具有
中介效应，打开了高管警觉性到企业财务绩效的"黑箱"。本书
基于"高管警觉性—组织变革策略—企业财务绩效"的理论逻
辑，以东北三省企业为研究对象，揭示了两种不同类型的组织变
革策略在高管警觉性与企业财务绩效之间的中介作用，并对高管
警觉性对不同类型组织变革策略的影响进行了深入探讨。这有助
于弥补组织变革策略相关理论和实证研究的不足，并推动高管警
觉性这一概念的情境化研究。根据现有的警觉性理论，学者们普
遍认为企业家的创业警觉性对企业财务绩效具有积极影响，也有
学者试图从组织学习、网络关系、资源获取等方面对企业财务绩
效转化的中间过程进行研究，但是鲜有学者从高管警觉性的角度
对企业财务绩效进行研究。对于处在高度动态竞争环境中的企业
而言，高管警觉性是其保持竞争优势以及可持续发展的重要手段。

因此，本书从动态竞争的视角出发，对高管警觉性向组织变革策略以及企业财务绩效的转化路径进行了探讨。研究结果表明，不同的组织变革策略对高管警觉性与企业财务绩效之间的关系起到了中介作用。研究结论有助于揭示在高度竞争与强资源约束下，高管警觉性对组织变革策略以及企业财务绩效的深层作用机制。

第二，探究了竞争张力对组织变革策略与企业财务绩效的调节效应。本书首次提出了竞争张力的调节作用，通过研究竞争张力对组织变革策略的影响，弥补了以往仅仅将竞争张力作为控制变量的缺憾，增加了竞争张力的直接效应研究，扩大了理论适用范围。通过研究竞争张力的调节效应，进一步明确了组织变革策略影响企业财务绩效的边界条件，深化了组织变革策略与企业财务绩效之间的关系，分析竞争张力对企业战略选择与变革的影响也将进一步推动企业竞争优势与组织绩效的改善。这在理论上是一次全新的尝试。

第三，创新性地探究了竞争张力调节作用下的中介效应。本书提出了一个有调节效应的中介模型，研究了在竞争张力的调节作用下，组织变革策略在高管警觉性与组织变革策略之间的中介作用。

第四，完善了 TMT 警觉性的概念以及理论体系。以往对警觉性的研究大多集中在企业家警觉性的相关范畴内，很少从高管的视角研究警觉性，对高管警觉性的研究开辟了警觉性研究的新领域。此外，对警觉性的研究大多从机会的角度展开，鲜有从资源的角度展开。因此，本书填补了高管警觉性方面研究的不足，并揭示了高管警觉性对企业财务绩效的作用机制，分析不同类型的高管警觉性对企业财务绩效的不同影响，为后续研究工作奠定了基础。同时，本书对 TMT 警觉性的概念以及理论体系加以完善，对现有理论为企业发展所提供的具体解决方案做出了进一步的补充与细化。

第三节　研究不足及未来研究展望

本书在借鉴已有文献对企业家警觉性相关研究的基础上，以东北三省高科技企业和传统企业为研究对象，深入探讨了高管警觉性的内涵及维度划分，并将组织变革策略作为中介变量引入对高管警觉性与企业财务绩效的关系研究当中，进而在动态竞争的视角下引入竞争张力，从竞争张力调节作用的角度探讨企业提高财务绩效的内在机制。作为探索性研究，本书具有一定的理论和现实意义，但仍然存在一定的局限性，有待在后续研究中进行更深入的探讨。

第一，为了提高量表的可靠性，笔者采取实地访谈与问卷调研相结合的方式，所收回的问卷全部为纸质问卷，同时对收回的调研问卷进行了先期测评，对问卷进行了筛选并剔除了个别不合格的测量题项，得到了本书最终的测量量表。但受到时间和能力的限制，量表的题项可能没办法完全反映所要测量的变量，量表的成熟性与可靠性相比国外成熟量表仍然会有所欠缺，在今后的研究中笔者会加以改进。此外，是调研问卷上出现的偏差。虽然本书在大规模调研之前进行了预调研，并将区分度不好的题项删除。但是，有些题项并非区分度不好，而是由于表述问题或者拟受访者对表述的理解有偏差，本书将会对这些题项进行二次表述并在将来的研究中进行测试。

第二，本书的数据虽然都通过了信度和效度检验，提出的大多数理论假设也得到了数据的支持，但是由于调研时间和调研经费的的局限性，在样本收集范围上只选取了东北三省的高科技企业和传统企业作为调研对象，而东北三省的企业发展具有显著的区域性特点，并不能完全代表我国高科技企业和传统企业的发展，更不能代表东部经济发达地区的高科技企业。因此，由于数据方面的限制，本书在普适性和代表性方面仍需要做进一步的检验。针对这一结果，笔者认为在日后的调研中可以扩大研究区域的范围，从而使研究结果更具普适性。此外，本书所利用的数据并没有区分高科技企业和传统企业，所收集的数据是总体数据，没有将其进行对比分析，更没有区分行业进行对比研究。

第三，由于本书所回收的问卷均是由受访人员直接填写，所用数据均为横截面的数据，具有暂时性，数据仅反映了受访企业在受访时点的经营状况，而对企业后续的经营活动（财务绩效指标除外）并没有跟踪调研，因此，无法揭示其他变量的动态变化，例如没有区分企业在初创期和成长期领导风格的变化，也没有对高科技企业和传统企业长期的发展状况进行了解，因此不能体现企业长期的变化。

未来的研究可以从以下方面进行拓展和深化。

首先，由于学者们对高管警觉性的概念与维度划分至今未达成一致，所以对高管警觉性的测量也存在一定的难度与分歧，同时，这也在一定程度上解释了高管警觉性的定量研究并不充足的原因，因此应进一步完善高管警觉性的测量量表。如前所述，现有关于警觉性的研究大多数从企业家的角度进行，鲜有研究从高管警觉性的角度切入，因此，对这部分的研究仍有较大的空间。本书对高管警觉性的维度划分参考了前人的研究并将之划分为两个维度，也许高管警觉性还有其他的维度，应当继续对高管警觉性的构念进行深入剖析，将来应对高管警觉性的复杂维度进行进一步的划分，以全面反映高管警觉性的体系。同样，组织变革策略也不局限于变革规模、变革领导风格两个维度，还有其他的维度需要做进一步的分析和研究，需要在今后进行探索。

其次，本书在样本量上仅达到较低的要求，并且由于发达地区与较为落后的东北三省地区的高管团队分布并不均匀，因此最终获取的样本的代表性并不够。在未来的研究中，还需要扩大样本区域，收集经济发达地区比如北京、上海、广州以及深圳等城市的高科技企业和传统企业数据，并进行区域对比和行业对比，以提高研究的借鉴意义。这些发达地区的企业竞争强度更大，企业在感知到竞争张力的同时，更能快速地做出战略调整，从而完善竞争策略。此外，在未来的研究中应区分高科技企业和传统企业，将两者进行对比分析。

最后，对于未通过的假设，将来需要重新在更广的范围内进行调研，以进一步检验这些假设。由于受到调研时间、调研经费以及调研能力的限制，本书中未通过的假设还需要进一步检验，对企业后续的经营活动（绩效因素除外）进行跟踪调研，进一步揭示变量的动态变化。深入探究这些假设成立或者不成立的实际意义，以此来指导我国传统企业和高科技企业的发展。

附　录

企业组织变革调查问卷

尊敬的企业高管：

　　您好！我们是吉林财经大学的研究人员，本次调查主要针对高管警觉性、组织变革、竞争张力、财务绩效等问题。感谢您在百忙之中惠赐宝贵意见，以完成这份重要的问卷。

　　学术研究应当以实践为基础，并在此基础上进一步完成对实践的指导，这样才能深入挖掘研究的应用价值。本次调研的最终研究成果将与企业共享，使企业在未来的经营活动中能有所受益。我们对您的真诚合作致以衷心的感谢。我们郑重承诺，您所填写的所有内容只用于纯粹的学术研究，并严格保密，绝不对外公开，若违反我们愿承担法律责任。请您仔细阅读问题及说明后做出选择。

　　敬祝

　　　　商祺！

一 问卷

请您详细阅读以下内容并根据贵企业的实际情况在与数字对应的圆圈中画"√"。"1"表示您完全不同意这种说法，"2"表示您不同意此观点，"3"表示一般，"4"表示您同意此观点，"5"表示您完全同意这种说法。

1. 高管警觉性

高管警觉性是指高层管理人员基于企业现状和外部环境对尚未发掘的市场机会或市场利基的认知，并基于企业战略导向监察企业资源的调配与使用情况以及资源与企业战略目标的"匹配性"。高管警觉性反映了企业高层基于机会和资源对外部环境的理解与认知以及内部战略的调整倾向。	完全不同意		同意程度		完全同意
	1	2	3	4	5

机会警觉性

激发和加强管理者面对机会时的"灵感顿悟"，从而促使其快速识别潜在的机会。

OA1	我总是试着从日常生活中搜寻商业机会	○	○	○	○	○
OA2	我的商业设想来自对日常工作的挖掘和洞察	○	○	○	○	○
OA3	我会投入较多的时间来思考市场变化并利用潜在的机会	○	○	○	○	○
OA4	我通过各种媒介来获悉商业动态并加以利用	○	○	○	○	○
OA5	我理解并认可网络为企业带来的机会价值	○	○	○	○	○
OA6	我了解竞争者的情况并获取必要的信息与知识	○	○	○	○	○
OA7	在处理日常工作时，我会根据企业实际尝试寻找新的业务或方法	○	○	○	○	○
OA8	当同时面对多种机会时，我常常能选择最好的一个	○	○	○	○	○

资源警觉性

资源警觉性指企业基于外部市场环境和内部自身现状，寻求资源与企业战略目标的匹配性，以及高层管理人员基于企业内部资源，寻求外部机会与企业内部资源的匹配性。

续表

RA1	我经常发现工作中尚未充分利用的资源并根据其特点加以匹配	○ ○ ○ ○ ○
RA2	我时常根据战略目标在各部门之间配置利用潜在的知识资源	○ ○ ○ ○ ○
RA3	我经常根据既定目标绑定并利用各类资源	○ ○ ○ ○ ○
RA4	我经常根据环境的不同而利用个人和组织的资源禀赋来撬动其他的资源为本企业服务	○ ○ ○ ○ ○
RA5	我经常看到有用的资源	○ ○ ○ ○ ○
RA6	我经常根据组织战略目标将看似不相关的资源重组联合	○ ○ ○ ○ ○

2. 组织变革策略

组织变革策略是指组织为了适应其所处内外环境的剧烈变化以及组织任务等方面的调整，以科学的管理方法对组织规模、权力结构、组织上下级间的关系以及沟通渠道、成员的工作理念和行为方式等所采取的系统化的革新与调整，是提高组织效能的一种行动计划。	完全 不同意 1	同意程度 2　3　4	完全 同意 5

变革规模

TS1	组织变动涉及部门重组的程度较高	○ ○ ○ ○ ○
TS2	组织变动时部门间权力重新分配的程度较高	○ ○ ○ ○ ○
TS3	组织变动时通常会建立新的组织部门并进行新的任职安排	○ ○ ○ ○ ○
TS4	组织变动时通常会改变原先的工作流程与协调机制	○ ○ ○ ○ ○
TS5	组织变动后各部门的工作目标通常会被重新界定	○ ○ ○ ○ ○

变革领导风格

TL1	我经常与下属讨论组织变动的决策	○ ○ ○ ○ ○
TL2	组织变动时得到了员工广泛的参与	○ ○ ○ ○ ○
TL3	组织变动会依照员工专长分派任务	○ ○ ○ ○ ○
TL4	组织变动时在工作分配过程中会征询员工意见	○ ○ ○ ○ ○

续表

TL5	组织变动时不会以命令形式或行使正式职权方式化解冲突	○	○	○	○	○
TL6	组织变动时不会强迫员工接受事先已经决定的决议	○	○	○	○	○

3. 竞争张力

竞争张力即可能引发企业采取行动对抗竞争者的一种竞争者之间的紧张局势关系。它不仅反映了企业间的竞争态势，更反映了企业对外部变化的回应与适应。

完全不同意　同意程度　完全同意
1　2　3　4　5

CT1	针对同行业的竞争行动，本企业会快速地反应	○	○	○	○	○
CT2	当本企业采取竞争行动时，我们会事先预测同行业竞争对手可能的回应	○	○	○	○	○
CT3	针对同行业的竞争行动，本企业通常不会回应	○	○	○	○	○
CT4	本企业随时掌握同行业的动态，来机动调整本企业的竞争策略	○	○	○	○	○
CT5	本企业会快速地解读同行业企业采取某项竞争行动的目的与影响	○	○	○	○	○

4. 企业财务绩效

FP1	在过去三年里，本企业总资产增长率较高	○	○	○	○	○
FP2	在过去三年里，本企业营业利润增长率较高	○	○	○	○	○
FP3	在过去三年里，本企业净利润较高	○	○	○	○	○
FP4	在过去三年里，本企业营业利润率较高	○	○	○	○	○
FP5	在过去三年里，本企业净资产收益率较高	○	○	○	○	○

二　企业基本情况

1. 您的年龄：①20～30岁；②31～40岁；③41～50岁；

④50岁以上

2. 您的最高学历：①研究生及以上；②本科；③大专；④高中或中专；⑤初中及以下

3. 您的职务：①总裁；②董事长；③总经理；④财务总监；⑤运营总监

4. 您所属城市/区域：＿＿＿＿＿＿

5. 您所属企业的类别：①高科技企业　②传统企业

6. 企业成立时间：＿＿＿＿＿＿

7. 企业股权性质：①个人独资；②民营企业；③私营企业；④外商独资企业

8. 企业人数：本企业人数大约为＿＿＿＿人

9. 是否为家族企业：① 是；②否

个人信息（若方便，请填写；若不便，可忽略）：

电话：＿＿＿＿＿＿＿＿＿　　　　电子邮件：＿＿＿＿＿＿＿＿＿

您对企业组织变革的看法或建议：＿＿＿＿＿＿＿＿＿＿＿＿

感谢您的参与，若要共享研究成果，请填写上述电子邮件或其他联系方式。

参考文献

［1］ Aldrich，H. E. ，Pfeffer ，J. ，"Environments of Organizations"，*Annual Review of Sociology* 2 (1)，1976.

［2］ Alvarez，S. A. ，Barney ，J. B. ，"Opportunities，Organizations，and Entrepreneurship"，*Strategic Entrepreneurship Journal* 2 (4)，2010.

［3］ Amabile，T. M. ，*How to Kill Creativity* (Boston，US：Harvard Business School，1998).

［4］ Amason，A. C. ，Mooney A. C. ，"The Effects of Past Performance on Top Management Team Conflict in Strategic Decision Making"，*International Journal of Conflict Management* 10 (4)，1999.

［5］ Amason，A. C. ，Sapienza，H. J. ，"The Effects of Top Management Team Size and Interaction Norms on Cognitive and Affective Conflict"，*Journal of Management* 23 (4)，1997.

［6］ Amason，A. C. ，Schweiger，D. M. ，"Resolving the Paradox of Conflict，Strategic Decision Making，and Organizational Performance"，*International Journal of Conflict Management* 5 (3)，1994.

[7] Anderson, D. L., *Organization Development*: *The Process of Leading Organizational Change* (Thousand Oaks, CA: Sage Publications, 2016).

[8] Andrews, K. R., *The Concept of Corporate Strategy* (Homewood: Dow Jones-Irwin, 1971).

[9] Antoncic, B., Prodan, I., "Alliances, Corporate Technological Entrepreneurship and Firm Performance: Testing a Model on Manufacturing Firms", *Technovation* 28 (5), 2008.

[10] Ardichvili, A., Cardozo, R., Ray, S., "A Theory of Entrepreneurial Opportunity Identification and Development", *Journal of Business Venturing* 18 (1), 2003.

[11] Argyris, C., "Interpersonal Competence and Organizational Effectiveness", *American Sociological Review* 68 (3), 1962.

[12] Armstrong, J. S., Overton, T. S., "Estimating Nonresponse Bias in Mail Surveys", *Journal of Marketing Research* 14 (2), 1977.

[13] Bain, J. S., *Barriers to New Competition*, *Their Character and Consequences in Manufacturing Industries* (Boston, US: Harvard University Press, 1956).

[14] Baker, T., Nelson, R. E., "Creating Something from Nothing: Resource Construction through Entrepreneurial Bricolage", *Administrative Science Quarterly* 50 (3), 2005.

[15] Bantel, K. A., Jackson, S. E., "Top Management and Innovations in Banking: Does the Composition of the Top Team Make a Difference?", *Strategic Management Journal* 10 (S1), 1989.

[16] Barnard, E. H., "Prospects for Industrial Uses for Farm

Products", *Journal of Farm Economics* 20 （1）, 1938.

[17] Barney, J. B., Mackey, A., "Text and Metatext in the Resource-Based View", *Human Resource Management Journal* 26 （4）, 2016.

[18] Barney, J. B., "Resource-Based Theories of Competitive Advantage: A Ten-Year Retrospective on the Resource-Based View", *Journal of Management* 27 （6）, 2001.

[19] Barney, J. B., "The Resource-Based Theory of the Firm", *Organization Science* 7 （5）, 1996.

[20] Baron, R. A., Ensley, M. D., "Opportunity Recognition as the Detection of Meaningful Patterns: Evidence from Comparisons of Novice and Experienced Entrepreneurs", *Management Science* 52 （9）, 2006.

[21] Baron, R. A., Ward, T. B., "Expanding Entrepreneurial Cognition's Toolbox: Potential Contributions from the Field of Cognitive Science", *Entrepreneurship Theory & Practice* 28 （6）, 2004.

[22] Barr, P. S., Stimpert, J. L., Huff, A. S., "Cognitive Change, Strategic Action, and Organizational Renewal", *Strategic Management Journal* 13 （S1）, 1992.

[23] Bartunek, J. M., "Changing Interpretive Schemes and Organizational Restructuring: The Example of a Religious Order", *Administrative Science Quarterly* 29 （3）, 1984.

[24] Bass, B. M., Avolio, B. J., *Full Range Leadership Development: Manual for the Multifactor Leadership Questionnaire* （Palo Alto, CA: Mind Garden, 1997）.

［25］ Bass, B. M., Avolio, B. J., Jung, D. I., et al., "Predicting Unit Performance by Assessing Transformational and Transactional Leadership", *Journal of Applied Psychology* 88 (2), 2003.

［26］ Bass, B. M., "Does the Transactional-Transformational Leadership Paradigm Transcend Organizational and National Boundaries?", *American Psychologist* 52 (2), 1997.

［27］ Bass, B. M., *Leadership and Performance Beyond Expectations* (New York, NY: The Free Press, 1985).

［29］ Bass, B. M., "Leadership: Good, Better, Best", *Organizational Dynamics* 13 (3), 1985.

［30］ Bass, B. M., Riggio, R. E., *Transformational Leadership* (Philadelphia, PA: Psychology Press, 2006).

［31］ Bass, B. M., Steidlmeier, P., "Ethics, Character, and Authentic Ttransformational Leadership Behavior", *The Leadership Quarterly* 10 (2), 1999.

［32］ Batra, S., "Do New Ventures Benefit from Strategic Change or Persistence? A Behavioral Perspective", *Journal of Organizational Change Management* 29 (2), 2016.

［33］ Beckhard, R., "Organization Development: Strategies and Models", *Case Studies* 15 (2), 1969.

［34］ Bergh, D. D., Aguinis, H., Heavey, C., et al., "Using Meta-Analytic Structural Equation Modeling to Advance Strategic Management Research: Guidelines and an Empirical Illustration via the Strategic Leadership-Performance Relationship", *Strategic Management Journal* 37 (3), 2016.

［35］ Bernardin, H. J., Beatty, R. W., "Performance Appraisal:

Assessing Human Behavior at Work", *Kent Human Resource Management* 18 (2), 1984.

[36] Bertrand, M., Schoar, A., "Managing with Style: The Effect of Managers on Firm Policies", *The Quarterly Journal of Economics* 118 (4), 2003.

[37] Bhide, A., "How Entrepreneurs Craft Strategies That Work", *Harvard Business Review* 72 (2), 1994.

[38] Bloodgood, J. M., "The Influence of Organizational Size and Change in Financial Performance on the Extent of Organizational Change", *Strategic Change* 15 (5), 2006.

[39] Boeker, W., "Strategic Change: The Influence of Managerial Characteristics and Organizational Growth", *Academy of Management Journal* 40 (1), 1997.

[40] Borch, O. J., Huse, M., Senneseth, K., "Resource Configuration, Competitive Strategies and Corporate Entrepreneurship: An Empirical Examination of Small Firms", *Entrepreneurship Theory & Practice* 24 (1), 1999.

[41] Bower, J. L., Gilbert, C. G., *From Resource Allocation to Strategy* (New York, US: Oxford University Press, 2005).

[42] Bradley, E., Tibshirani, R. J., *An Introduction to the Bootstrap* (London, UK: Chapman and Hall, 1993).

[43] Brockman, B. K., "Entrepreneurial Alertness in Opportunity Identification and Opportunity Development", *Journal of Business and Entrepreneurship* 26 (2), 2014.

[44] Brush, C. G., Greene, P. G., Hart M. M., "From Initial Idea to Unique Advantage: The Entrepreneurial Challenge of Con-

structing a Resource Base", *The Academy of Management Executive* 15 (1), 2001.

[45] Burke, W. W., Litwin, G. H., "A Causal Model of Organizational Performance and Change", *Journal of Management* 18 (3), 1992.

[46] Burke, W. W., *Organization Change: Theory and Practice* (Thousand Oaks, CA: Sage Publications, 2017).

[47] Burns, M. G., et al., "Leadership", *American Journal of Sociology* 1 (1), 1978.

[48] Busenitz, L. W., West, G. P., Shepherd, D., et al., "Entrepreneurship Research in Emergence: Past Trends and Future Directions", *Journal of Management* 29 (3), 2003.

[49] Cady, S. H., Hardalupas, L., "A Lexicon for Organizational Change: Examining the Use of Language in Popular, Practitioner, and Scholar Periodicals", *Journal of Applied Business Research* 15 (4), 2011.

[50] Cady, S. H., Milz, S. A., *Evaluating Organizational Transformation* (New York, US: John Wiley & Sons, 2015).

[51] Campbell, J. P., McHenry, J. J., Wise, L. L., "Modeling Job Performance in a Population of Jobs", *Personnel Psychology* 43 (2), 1990.

[52] Carter, R., "The Changing Face of Leadership: Connecting Financial Performance with Effective Leadership", *Training & Development* 42 (6), 2015.

[53] Chandler, A. D., "Strategy and Structure: Chapters in the History of the American Enterprise", Massachusetts Institute of

Technology Cambridge, 1962.

[54] Chandler, G. N. , Hanks, S. H. , "Founder Competence, the Environment, and Venture Performance", *Entrepreneurship Theory & Practice* 18 (3), 1994.

[55] Chandler, G. N. , Hanks, S. H. , "Measuring the Performance of Emerging Businesses: A Validation Study", *Journal of Business Venturing* 8 (5), 1993.

[56] Chen, M. J. , "Competitive Dynamics Research: An Insider's Odyssey", *Asia Pacific Journal of Management* 26 (1), 2009.

[57] Chen, M. J. , *Competitive Strategic Interaction: A Study of Competitive Actions and Responses* (Maryland, US: University of Maryland at College Park, 1988).

[58] Chen, M. J. , "Competitor Analysis and Interfirm Rivalry: Toward a Theoretical Integration", *Academy of Management Review* 21 (1), 1996.

[59] Chen, M. J. , Hambrick, D. C. , "Speed, Stealth, and Selective Attack: How Small Firms Differ from Large Firms in Competitive Behavior", *Academy of Management Journal* 38 (2), 1995.

[60] Chen, M. J. , Kuo-Hsien, S. U. , Tsai, W. , "Competitive Tension: The Awareness-Motivation-Capability Perspective", *Academy of Management Journal* 50 (1), 2007.

[61] Chen, M. J. , Lin, H. C. , Michel, J. G. , "Navigating in a Hypercompetitive Environment: The Roles of Action Aggressiveness and TMT Integration", *Strategic Management Journal* 31 (13), 2010.

[62] Chen, M. J., MacMillan, I. C., "Nonresponse and Delayed Response to Competitive Moves: The Roles of Competitor Dependence and Action Irreversibility", *The Academy of Management Journal* 35 (3), 1992.

[63] Chen, M. J., Miller, D., "Competitive Attack, Retaliation and Performance: An Expectancy-Valence Framework", *Strategic Management Journal* 15 (2), 1994.

[64] Chen, M. J., Miller, D., "Competitive Dynamics: Themes, Trends, and a Prospective Research Platform", *The Academy of Management Annals* 6 (1), 2012.

[65] Chen, M. J., Su, K. H., Tsai, W., "Competitive Tension: The Awareness-Motivation-Capability Perspective", *Academy of Management Journal* 50 (1), 2007.

[66] Child, J., "Organizational Structure, Environment and Per-formance: The Role of Strategic Choice", *Sociology* 6 (1), 1972.

[67] Cho, T. S., Hambrick, D. C., "Attention as the Mediator Between Top Management Team Characteristics and Strategic Change: The Case of Airline Deregulation", *Organization Science* 17 (4), 2006.

[68] Christina, J. K., "Studying Organizational Change: A Change Response Model with Readiness Factors: A Case Study, and Research Implications", Doctoral Dissertation, State University of New York at Binghamton, 2002.

[69] Cohen, M. D., March, J. G., Olsen, J. P. A., "Garbage Can Model of Organizational Choice", *Administrative Science*

Quarterly 17 (1), 1972.

[70] Cole, M. S., Bruch, H., Vogel, B., "Emotion as Mediators of the Relations Between Perceived Supervisor Support and Psychological Hardiness on Employee Cynicism", *Journal of Organizational Behavior* 27 (4), 2006.

[71] Colin, A., Carnall, "Managing Strategic Change: An Integrated Approach", *Long Range Planning* 2 (1), 1986.

[72] Colin, Carnall, *Managing Change in Organizations* (Englewood Cliffs, NJ: Prentice Hall, 1990).

[73] Cooper, A. C., Bruno, A. V., "Success Among High-Technology Firms", *Business Horizons* 20 (2), 1977.

[74] Corbetta, G., Marchisio, G., Salvato, C., *Fostering Entrepreneurship in Established Family Firms* (New York, US: Springer, 2004).

[75] Covin, J. G., Slevin, D. P., "A Conceptual Model of Entrepreneurship as Firm Behavior", *Social Science Electronic Publishing* 16, 1991.

[76] Covin, J. G., Slevin, D. P., Covin T. J., "Content Performance of Growth-seeking Strategies: A Comparison of Small Firms in High and Low Technology Industries", *Journal of Business Venturing* 5 (6), 2005.

[77] Covin, J. G., Slevin, D. P., "Strategic Management of Small Firms in Hostile and Benign Environments", *Strategic Management Journal* 10 (1), 1989.

[78] Crook, T. R., Ketchen, D. J., Combs, J. G., et al., "Strategic Resources and Performance: A Meta-Analysis",

Strategic Management Journal 29 （11）, 2008.

［79］ Cummings, T. G. , Worley, C. G. , *Organization Development and Change* （Stamford, USA: Cengage Learning, 2014）.

［80］ Cyert, R. M. , March, J. G. , "A Behavioral Theory of the Firm", *Englewood Cliffs* 2, 1963.

［81］ Czarniawska-Joerges, B. , "The Business of Talk. Organizations in Action: By Deirdre Boden", *Scandinavian Journal of Management* 12 （2）, 1996.

［82］ Daft, R. L. , *Essentials of Organization Theory and Design* （China: Machine Press, 2002）.

［83］ Daft, R. L. , *Organization Theory and Design* （China: Dongbei University of Finance and Economics Press, 1998）.

［84］ Daveni, R. , Gunther, R. , *Hyper Competition Managing the Dynamics of Strategic Maneuvering* （New York, US: New York Free Press, 1994）.

［85］ Denrell, J. , Fang, C. , Winter, S. G. , "The Economics of Strategic Opportunity", *Strategic Management Journal* 24 （10）, 2010.

［86］ Denrell, J. , "Vicarious Learning, Undersampling of Failure, and the Myths of Management", *Organization Science* 14 （3）, 2003.

［87］ Dess, G. G. , Picken, J. C. , "Changing Roles: Leadership in the 21st Century", *Organizational Dynamics* 28 （3）, 2000.

［88］ De Wit, B. , Meyer, R. , *Strategy: Process, Content, Context: An International Perspective* （Stamford, USA: Cengage Learning Business Press, 2010）.

[89] Diclemente, C. C. , Schlundt, D. , Gemmell, L. , " Readiness and Stages of Change in Addiction Treatment", *American Journal on Addictions* 13 (2), 2004.

[90] Dixon, S. E. A. , Meyer, K. E. , Day, M. , " Stages of Organizational Transformation in Transition Economies: A Dynamic Capabilities Approach", *Journal of Management Studies* 47 (3), 2010.

[91] Donaldson, L. , " Organizational Portfolio Theory: Performance-Driven Organizational Change", *Contemporary Economic Policy* 18 (4), 2000.

[92] Donaldson, L. , " Reply: Two Reviews of American Anti-Management Theories of Organization: A Critique of Paradigm", *Australian Journal of Management* 15 (1), 1996.

[93] Donaldson, L. , *The Contingency Theory of Organizations* (Thousand Oaks, CA: Sage Publications, 2001).

[94] Drucker, Peter, F. , *Lessons in Leadership* (San Francisco, CA: Jossey-Bass, 1998).

[95] Drucker, P. F. , *Harvard Business Review on Knowledge Management* (Boston, US: Harvard Business Press, 1998).

[96] Dunphy, D. C. , Stace, D. , *Under New Management: Australian Organizations in Transition* (New York, US: McGraw-Hill, 1992).

[97] Dunphy, D. , " Organizational Change in Corporate Settings", *Human Relations* 49 (5), 1996.

[98] Dutton, J. E. , Jackson, S. E. , " Categorizing Strategic Issues: Links to Organizational Action", *Academy of Management Review*

12 （1）, 1987.

[99] Eckhardt, J. T. , Shane, S, A. , "Opportunities and Entre-preneurship", *Journal of Management* 29 （3）, 2003.

[100] Edelman, L. F. , Brush, C. G. , Manolova, T. , "Co-Alignment in the Resource-Performance Relationship: Strategy as Media-tor", *Journal of Business Venturing* 20 （3）, 2005.

[101] Edwards, C. D. , "Conglomerate Bigness as a Source of Power", *Business Concentration and Price Policy* 5 （1）, 1955.

[102] Eid, J. , Johnsen, B. H. , Brun, W. , Laberg, J. C. , Larsson, G. , Nyhus, J. K. , "Situation Awareness and Transformational Leadership in Senior Military Leaders: An Exploratory Study," *Military Psychology* 16 （3）, 2004.

[103] Eisenhardt, K. M. , Martin, J. A. , "Dynamic Capabilities: What Are They?", Tuck Conference on the Evolution of Firm Capabilities, 2000.

[104] Eisenhardt, K. M. , Schoonhoven, C. B. , "Organizational Growth: Linking Founding Team, Strategy, Environment, and Growth among US Semiconductor Ventures", *Administrative Science Quarterly* 35, 1990.

[105] Elron, E. , "Top Management Teams within Multinational Cor-porations: Effects of Cultural Heterogeneity", *The Leadership Quarterly* 8 （4）, 1997.

[106] Ensley, M. D. , Pearson, A. W. , Amason, A. C. , "Under-standing the Dynamics of New Venture Top Management Teams: Cohesion, Conflict, and New Venture Performance", *Journal of Business Venturing* 17 （4）, 2002.

[107] Ferrier, W. J. , Lyon, D. W. , "Competitive Repertoire Simplicity and Firm Performance: The Moderating Role of Top Management Team Heterogeneity", *Managerial and Decision Economics* 25 (6 – 7), 2004.

[108] Ferrier, W. J. , "Navigating the Competitive Landscape: The Drivers and Consequences of Competitive Aggressiveness", *Academy of Management Journal* 44 (4), 2001.

[109] Finkelstein, S. , Hambrick, D. C. , *Strategic Leadership: Top Executives and Their Effects on Organizations* (St. Paul, Minnesota: West Publishing Company, 1996).

[110] Flood, P. , Knight, D. , "Top Management Team Diversity, Group Process, and Strategic Consensus", *Strategic Management Journal* 20 (5), 1999.

[111] Fornell, C. , Larcker, D. , "Evaluating Structural Equation Models with Unobservable Variables and Measurement Error", *Journal of Marketing Research* 18 (1), 1981.

[112] Foss, N. J. , Klein, P. G. , "Entrepreneurial Alertness and Opportunity Discovery: Origins, Attributes, Critique", *Social Science Electronic Publishing* 9 (2), 2009.

[113] Fredrickson, J. W. , Mitchell, T. R. , "Strategic Decision Processes: Comprehensiveness and Performance in an Industry with an Unstable Environment", *Academy of Management Journal* 27 (2), 1984.

[114] Friedlander, F. A. , Brown, L. D. , "Organization Development", *Journal of Counseling & Development* 56 (7), 1974.

[115] Gaglio, C. M. , Katz, J. A. , "The Psychological Basis of Op-

portunity Identification: Entrepreneurial Alertness", *Small Business Economics* 16（2）, 2001.

[116] Gaglio, C. M. , "The Role of Mental Simulations and Counterfactual Thinking in the Opportunity Identification Process", *Entrepreneurship: Theory and Practice* 28（6）, 2004.

[117] Gaglio, C. M. , Winter, S. , *Entrepreneurial Alertness and Opportunity Identification: Where Are We Now?* （Switzerland: Springer International Publishing, 2017）.

[118] Galbraith, J. R. , *Designing Complex Organizations* （Reading, MA: Addison-Wesley, 1973）.

[119] Gardner, T. M. , "Interfirm Competition for Human Resources: Evidence from the Software Industry", *Academy of Management Journal* 48（2）, 2005.

[120] Gartner, W. B. , "What Are We Talking about when We Talk about Entrepreneurship?", *Journal of Business Venturing* 5（1）, 1990.

[121] Geletkanycz, M. A. , Hambrick, D. C. , "The External Ties of Top Executives: Implications for Strategic Choice and Performance", *Administrative Science Quarterly* 42（4）, 1997.

[122] Gielnik, M. M. , Frese, M. , Graf, J. M. , et al. , "Creativity in the Opportunity Identification Process and the Moderating Effect of Diversity of Information", *Journal of Business Venturing* 27（5）, 2012.

[123] Gielnik, M. M. , Zacher, H. , Frese, M. , "Focus on Opportunities as a Mediator of the Relationship between Business Owners' age and Venture Growth", *Journal of Business Ventu-*

ring 27 （1）, 2012.

[124] Gimeno, J., Woo, C. Y., "Hypercompetition in a Multimarket Environment: The Role of Strategic Similarity and Multimarket Contact in Competitive De-Escalation", *Organization Science* 7 （3）, 1996.

[125] Goll, I., Rasheed, A. A., "The Relationships between Top Management Demographic Characteristics, Rational Decision Making, Environmental Munificence, and Firm Performance", *Organization Studies* 26 （7）, 2005.

[126] Gove, S., Sirmon, D. G., Hitt, M. A., "Relative Resource Advantages: The Effect of Resources and Resource Management on Organizational Performance", Annual Strategic Management Society Conference, 2003.

[127] Granstrand, O., "The Shift Towards Intellectual Capitalism——The Role of Technologies", *Research Policy* 29 （9）, 2000.

[128] Greenwood, R., Hnings, C. R., "Radical Orangizational Understanding the Old and Change", *Academy of Management Review* 21 （4）, 1996.

[129] Greenwood, R., "Managers' Reactions to a Corporate Acquisition: Comment on Fried, Tiegs, Naughton and Ashforth", *Journal of Organizational Behavior* 17 （5）, 1996.

[130] Grimm, C. M., Smith, K. G., *Strategy as Action: Industry Rivalry and Coordination* （Cincinnati, OH: South-Western College, 1997）.

[131] Hage, J. T., "Organizational Innovation and Organizational Change", *Annual Review of Sociology* 25 （1）, 1999.

[132] Haiyang, Li. , "How Does New Venturing Strategy Matter in the Environment-Performance Relationship?", *Journal of High Technology Management Research* 12, 2001.

[133] Hambrick, D. C. , Cho, T. S. , Chen, M. J. , "The Influence of Top Management Team Heterogeneity on Firms' Competitive Moves", *Administrative Science Quarterly* 41 (4), 1996.

[134] Hambrick, D. C. , "Corporate Coherence and the Top Management Team", *Strategy & Leadership* 25 (5), 1997.

[135] Hambrick, D. C. , D'Aveni, R. A. , "Top Team Deterioration as Part of the Downward Spiral of Large Corporate Bankruptcies", *Management Science* 38 (10), 1992.

[136] Hambrick, D. C. , "Environment, Strategy, and Power within Top Management Teams", *Administrative Science Quarterly* 26 (2), 1981.

[137] Hambrick, D. C. , Macmillan, I. C. , Day, D. L. , "Strategic Attributes and Performance in the BCG Matrix—A PIMS-Based Analysis of Industrial Product Businesses", *Academy of Management Journal* 25 (3), 1982.

[138] Hambrick, D. C. , Mason, P. A. , "The Organization as a Reflection of Its Top Managers", *Academy of Management Proceedings* 1, 1984.

[139] Hannan, M. T. , Freeman, J. , "Structural Inertia and Organizational Change", *American Sociological Review* 49 (2), 1984.

[140] Hansen, D. J. , Monllor, J. , Shrader, R. C. , "Identifying the Elements of Entrepreneurial Opportunity Constructs:

Recognizing What Scholars Are Really Examining", *International Journal of Entrepreneurship & Innovation* 17 (4), 2016.

[141] Hansen, D. J., Shrader, R., Monllor, J., "Defragmenting Definitions of Entrepreneurial Opportunity", *Journal of Small Business Management* 49 (2), 2011.

[142] Hansen, N., Ostermeier, A., "Completely Derandomized Self-Adaptation in Evolution Strategies", *Volutionary Computation* 9 (2), 2001.

[143] Harvey, D., Brown, D. R., "An Experiential Approach to Organization Development", *Pearson Schweiz Ag* 54 (12), 1996.

[144] Herold, Fedor, "The Effects of Transformational and Change Leadership on Employees' Commitment to a Change: A Multilevel Study", *Journal of Applied Psychology* 15 (2), 2008.

[145] Hickson, D. J., *Top Decisions: Strategic Decision-Making in Organizations* (San Francisco, CA: Jossey-Bass, 1986).

[146] Hisrich, R., Langan-Fox, J., Grant, S., "Entrepreneurship Research and Practice: A Call to Action for Psychology", *American Psychologist* 62 (6), 2007.

[147] Hitt, M. A., Freeman, R. E., Harrison, J. S., *The Blackwell Handbook of Strategic Management* (Oxford, UK: Blackwell Publishers, 2001).

[148] Huang, J. J., Tzeng, G. H., Ong, C. S., "Motivation and Resource-Allocation for Strategic Alliances through the DeNovo Perspective", *Mathematical & Computer Modelling* 41 (6), 2005.

［149］ Huber, G. P. , Glick, W. H. , *Organizational Change and Redesign: Ideas and Insights for Improving Performance* (New York, US: Oxford University Press, 1993).

［150］ Huy, Q. N. , "Emotions in Strategic Organization: Opportunities for Impactful Research", *Strategic Organization* 10 (3), 2012.

［151］ Iaquinto, A. L. , Fredrickson, J. W. , "TMT Agreement about the Strategic Decision Process: A Test of Some of Its Determinants and Consequences", *Strategic Management Journal* 18 (1), 1997.

［152］ Imran, M. K. , Bilal, A. R. , Aslam, U. , et al. , "Knowledge Management Strategy: An Organizational Change Prospective", *Journal of Enterprise Information Management* 30 (2), 2017.

［153］ Judge, T. A. , Bono, J. E. , Ilies, R. , et al. , "Personality and Leadership: A Qualitative and Quantitative Review", *Journal of Applied Psychology* 87 (4), 2002.

［154］ Judson, A. S. , *Changing Behavior in Organizations: Minimizing Resistance to Change* (Cambridge, Mass, US: Blackwell, 1991).

［155］ Jung, D. , Wu, A. , Chow, C. W. , "Towards Understanding the Direct and Indirect Effects of CEOs' Transformational Leadership on Firm Innovation", *Leadership Quarterly* 19 (5), 2008.

［156］ Kaish, S. , Gilad, B. , " Characteristics of Opportunities Search of Entrepreneurs Versus Executives: Sources, Interests, General Alertness", *Journal of Business Venturing* 6 (1),

1991.

[157] Kamm, J. B. , Shuman, J. C. , Seeger, J. A. , et al. , "Entrepreneurial Teams in New Venture Creation: A Research Agenda", *Entrepreneurship Theory and Practice* 14 (4), 1990.

[158] Kane, T. D. , Tremble, T. R. , "Transformational Leadership Effects at Different Levels of the Army", *Military Psychology* 12 (2), 2000.

[159] Kerin, R. A. , Varadarajan, P. R. , Peterson, R. A. , "First-Mover Advantage: A Synthesis, Conceptual Framework, and Research Propositions", *The Journal of Marketing* 56, 1992.

[160] Kiefer, T. , "Feeling Bad: Antecedents and Consequences of Negative Emotions in Ongoing Change", *Journal of Organizational Behavior* 26 (8), 2005.

[161] Kirzner, I. M. , *Competition and Entrepreneurship* (Chicago, US: University of Chicago Press, 1978).

[162] Kirzner, I. M. , "Entrepreneurial Discovery and the Competitive Market Process: An Austrian Approach", *Journal of Economic Literature* 35 (1), 1997.

[163] Korn, B. , "Dynamics of Dyadic Competitive Interaction", *Strategic Management Journal* 20 (3), 1999.

[164] Ko, S. , Butler, J. E. , "Creativity: A Key Link to Entrepreneurial Behavior", *Business Horizons* 50 (5), 2007.

[165] Kotter, J. P. , Cohen, D. S. , "The Heart of Change", *Hearts Smarts Guts & Luck* 43 (7), 2002.

[166] Kotter, J. P. , "Leading Change: Why Transformation Efforts

Fail", *Harvard Business Review* 35（3）, 1995.

[167] Krishnan, H. A. , Miller, A. , Judge, W. Q. , "Diversification and Top Management Team Complementarity: Is Performance Improved by Merging Similar or Dissimilar Teams?", *Strategic Management Journal* 18（5）, 1997.

[168] Krysinski, P. R. , Reed, D. B. , "Organizational Change and Change Leadership", *Journal of Leadership & Organizational Studies* 1（2）, 1994.

[169] Kumar, J. A. , Ganesh, L. S. , "Inter-Individual Knowledge Transfer and Performance in Product Development", *Learning Organization* 18（18）, 2011.

[170] Kumar, J. A. , Ganesh, L. S. , "Balancing Knowledge Strategy: Codification and Personalization during Product Development", *Journal of Knowledge Management* 15（1）, 2011.

[171] Lawrence, P. R. , Lorsch, J. W. , "Organization and Environment: Managing Differentiation and Integration", *Administrative Science Quarterly* 13（1）, 1968.

[172] Lee, K. , Lee, K. , Sharif, M. , et al. , "Procedural Justice as a Moderator of the Relationship between Organizational Change Intensity and Commitment to Organizational Change", *Journal of Organizational Change Management* 30（4）, 2017.

[173] Lewin, K. , "Field Theory and Experiment in Social Psychology: Concepts and Methods", *American Journal of Sociology* 44（6）, 1939.

[174] Lewin, K. , Weiss, G. , *Resolving Social Conflicts*（China: Chinese Media University Press, 1948）.

［175］ Li, J., Xin, K. R., Tsui, A., et al., "Building Effective International Joint Venture Leadership Teams in China", *Journal of World Business* 34 (1), 1999.

［176］ Li, Z., *Entrepreneurial Alertness* (Berlin, Heidelberg: Springer Berlin Heidelberg, 2013).

［177］ Luthans, F., "The Contingency Theory of Management: A Path out of the Jungle", *Business Horizons* 16 (3), 1973.

［178］ Majid, A., Abdullah, M. T., Yasir, M., "Organizational Inertia and Change Portfolio: An Analysis of the Organizational Environment in Developing Countries", *African Journal of Business Management* 5 (2), 2011.

［179］ Man, W. T., *Entrepreneurial Competencies and the Performance of Small and Medium Enterprises in the Hong Kong Services Sector* (Hong Kong, China: The Hong Kong Polytechnic University, 2001).

［180］ Ma, R., Huang, Y. C., "Opportunity-Based Strategic Orientation, Knowledge Acquisition, and Entrepreneurial Alertness: The Perspective of the Global Sourcing Suppliers in China", *Journal of Small Business Management* 54 (3), 2016.

［181］ McCline, R. L., Bhat, S., Baj, P., "Opportunity Recognition: An Exploratory Investigation of a Component of the Entrepreneurial Process in the Context of the Health Care Industry", *Entrepreneurship Theory & Practice* 25 (7), 2000.

［182］ McGrath, R. G., "Falling forward: Real Options Reasoning and Entrepreneurial Failure", *Academy of Management Review*

24 （1）, 1999.

[183] McMullen, J. S., Shepherd, D. A., "Encouraging Consensus-Challenging Research in Universities", *Journal of Management Studies* 43 （8）, 2006.

[184] McMullen, J. S., Shepherd, D. A., "Entrepreneurial Action and the Role of Uncertainty in the Theory of the Entrepreneur", *Academy of Management Review* 31 （1）, 2006.

[185] Michael, S. R., "Organizational Change Techniques: Their Present, Their Future", *Organizational Dynamics* 11 （1）, 1982.

[186] Miles, R. E., Snow, C. C., Meyer, A. D., et al., "Organizational Strategy, Structure, and Process", *Academy of Management Review Academy of Management* 3 （3）, 1978.

[187] Miller, D., "The Correlates of Entrepreneurship in Three Types of Firms", *Management Science* 29 （7）, 1983.

[188] Milliken, F. J., Lant, T. K., "The Effect of an Organization's Recent Performance History on Strategic Persistence and Change", *Advances in Strategic Management* 7, 1991.

[189] Mintzberg, H., Waters, J. A., "Of Strategies, Deliberate and Emergent", *Strategic Management Journal* 6 （3）, 1985.

[190] Mooney, Christopher Z., *Bootstrapping: A Nonparametric Approach to Statistical Inference* (Thousand Oaks, C. A.: Sage Publications, 1994).

[191] Mosakowski, E., "Entrepreneurial Resources, Organizational Choices, and Competitive Outcomes", *Organization Science* 9 （6）, 1998.

［192］ Mosher, F. C. , "A Proposed Program of Mid-career Education for Public Administrators in Metropolitan Areas", *Administrator Characteristics* 12 （1）, 1967.

［193］ Mumford, M. D. , Gustafson, S. B. , "Creativity Syndrome: Integration, Application, and Innovation", *Psychological Bulletin* 103 （1）, 1988.

［194］ Ndofor, H. A. , Sirmon, D. G. , He, X. , "Firm Resources, Competitive Actions and Performance: Investigating a Mediated Model with Evidence from the In-vitro Diagnostics Industry", *Strategic Management Journal* 32 （6）, 2011.

［195］ Nguyen, T. T. , Mia, L. , Winata, L. , et al. , "Effect of Transformational-Leadership Style and Management Control System on Managerial Performance", *Journal of Business Research* 70, 2017.

［196］ Niosi, J. , "Alliances Are Not enough Explaining Rapid Growth in Biotechnology Firms", *Research Policy* 32 （5）, 2003.

［197］ Ocasio, W. , "Attention to Attention", *Organization Science* 22 （5）, 2011.

［198］ Pentland F. , "Reconceptualizing Organizational Routines as a Source of Flexibility and Change," *Administrative Science Quarterly* 48 （1）, 2003.

［199］ Peters, T. , "Liberation Management", *British Journal of General Practice the Journal of the Royal College of General Practitioners* 43, 1992.

［200］ Peters, T. , *Liberation Management: Necessary Disorganization for the Nanosecond Nineties* (New York, US: Knopf Press, 1992.

[201] Pfeffer, J., Salancik, G. R., *The External Control of Organizations: A Resource Dependence Perspective* (New York, US: Harper & Row, 1978).

[202] Porac, J. F., Thomas, H., Wilson, F., et al., "Rivalry and the Industry Model of Scottish Knitwear Producers", *Administrative Science Quarterly* 40, 1995.

[203] Porras, J. I., Robertson, P. J., "Organizational Development: Theory, Practice, and Research", *Handbook of Industrial and Organizational Psychology* 15 (1), 1992.

[204] Porras, J. I., Silvers, R. C., "Organization Development and Transformation", *Annual Review of Psychology* 42 (1), 1991.

[205] Porter, M. E., "Competitive Strategy: Techniques for Analyzing Industries and Competition", *Social Ence Electronic Publishing* 2, 1980.

[206] Prahalad, C., Hamel, G., "The Core Competency of the Corporation," *My Publications* 10 (2), 1990.

[207] Preacher, K. J., Rucker, D. D., Hayes, A. F., "Addressing Moderated Mediation Hypotheses: Theory, Methods, and Prescriptions", *Multivariate Behavioral Research* 42 (1), 2007.

[208] Program, I., Mosher, F. C., *Governmental Reorganizations: Cases and Commentary* (Indianapolis, USA: Bobbs-Merrill Company, 1967).

[209] Ray, S. , Cardozo, R. , "Sensitivity and Creativity in Entre
preneurial Opportunity Recognition: A Framework for Empirical
Investigation ", Sixth Global Entrepreneurship Research
Conference, 1996.

[210] Richard, A. , *Hypercompetition* (New York, US: New York
Free Press, 1994).

[211] Roger, Eatwell, "The Concept and Theory of Charismatic Lead-
ership", *Totalitarian Movements & Political Religions* 7 (2),
2006.

[212] Ruekert, R. W. , Walker, O. C. , Roering, K. J. , " The
Organization of Marketing Activities: A Contingency Theory of
Structure and Performance", *Journal of Marketing* 49 (1),
1985.

[213] Sambasivan, M. , Abdul, M. , Yusop, Y. , " Impact of
Personal Qualities and Management Skills of Entrepreneurs on
Venture Performance in Malaysia: Opportunity Recognition
Skills as a Mediating Factor", *Technovation* 29 (11), 2009.

[214] Sanders, W. G. , Carpenter, M. A. , "Internationalization and
Firm Governance: The Roles of CEO Compensation, Top
Team Compensation, and Board Structure", *Academy of Manage-
ment Journal* 41 (2), 1998.

[215] Sarasvathy, S. D. , " Entrepreneurship as a Science of the
Artificial", *Journal of Economic Psychology* 24 (2), 2003.

[216] Scheepers, R. , Venkitachalam, K. , Gibbs, M. R. , "Knowledge
Strategy in Organizations: Refining the Model of Hansen,
Nohria and Tierney", *Journal of Strategic Information Systems*

13 （3），2004.

[217] Scott, S. G. , Lane, V. R. , "A Stakeholder Approach to Organizational Identity", *Academy of Management Review* 25 （1）, 2000.

[218] Shane, S. , Venkataraman, S. , "The Promise of Entrepreneurship as a Field of Research", *Academy of Management Review* 25 （1）, 2000.

[219] Shepherd, D. A. , Detienne, D. R. , " Prior Knowledge, Potential Financial Reward, and Opportunity Identification", *Entrepreneurship Theory & Practice* 29 （1）, 2005.

[220] Shepherd, D. A. , McMullen, J. S. , Jennings, P. D. , "The Formation of Opportunity Beliefs: Overcoming Ignorance and Reducing Doubt", *Strategic Entrepreneurship Journal* 1 （1 – 2）, 2007.

[221] Shepherd, D. A. , McMullen, J. S. , Ocasio, W. , "Is That an Opportunity? An Attention Model of Top Managers' Opportunity Beliefs for Strategic Action", *Strategic Management Journal* 38 （3）, 2017.

[222] Shirokova, G. , Berezinets, I. , Shatalov, A. , "Organisational Change and Firm Growth in Emerging Economies", *Journal for East European Management Studies* 19 （2）, 2014.

[223] Shrader, R. C. , "Collaboration and Performance in Foreign Markets: The Case of Young High-Technology Manufacturing Firms", *Academy of Management Journal* 44 （1）, 2001.

[224] Simsek, Z. , Lubatkin, M. H. , Veiga, J. F. , et al. , " The Role of an Entrepreneurially Alert Information System in Promoting

Corporate Entrepreneurship", *Journal of Business Research* 62 (8), 2009.

[225] Simsek, Z., Veiga, J. F., Lubatkin, M. H., et al., "Modeling the Multilevel Determinants of Top Management Team Behavioral Integration", *Academy of Management Journal* 48 (1), 2005.

[226] Sirmon, D. G., Gove, S., Hitt, M. A., "Resource Management in Dyadic Competitive Rivalry: The Effects of Resource Bundling and Deployment", *Academy of Management Journal* 51 (5), 2008.

[227] Sirmon, D. G., Hitt, M. A., Arregle, J. L., et al., "The Dynamic Interplay of Capability Strengths and Weaknesses: Investigating the Bases of Temporary Competitive Advantage", *Strategic Management Journal* 31 (13), 2010.

[228] Sirmon, D. G., Hitt, M. A., "Contingencies within Dynamic Managerial Capabilities: Interdependent Effects of Resource Investment and Deployment on Firm Performance", *Strategic Management Journal* 30 (13), 2009.

[229] Sirmon, D. G., Hitt, M. A., Ireland, R. D., et al. "Resource Orchestration to Create Competitive Advantage: Breadth, Depth, and Life Cycle Effects", *Journal of Management* 37 (5), 2011.

[230] Sirmon, D. G., Hitt, M. A., Ireland, R. D., "Managing Firm Resources in Dynamic Environments to Create Value: Looking inside the Black Box", *Academy of Management Review* 32 (1), 2007.

［231］ Sirmon, D. G. , Hitt, M. A. , "Managing Resources: Linking Unique Resources, Management, and Wealth Creation in Family Firms", *Entrepreneurship Theory & Practice* 27 (4), 2003.

［232］ Smith, J. E. , Carson, K. P. , Alexander, R. A. , "Leadership: It Can Make a Difference", *Academy of Management Journal* 27 (4), 1984.

［233］ Smith, K. G. , Ferrier, W. J. , Ndofor, H. , *Competitive Dynamics Research: Critique and Future Directions* (NewYork, US: John Wiley & Son, 2001).

［234］ Smith, K. G. , Grimm, C. M. , Gannon, M. J. , et al. , "Organizational Information Processing, Competitive Responses, and Performance in the U. S. Domestic Airline Industry", *Academy of Management Journal* 34 (1), 1991.

［235］ Solouki, Z. , "The Road Not Taken: The Narratives of Action and Organizational Change", *Journal of Organizational Change Management* 30 (3), 2017.

［236］ Solouki, Z. , "Organization Narratives for Strategic Change," *Journal of Management* 20 (5), 2018.

［237］ Stam, W. , Elfring, T. , "Entrepreneurial Orientation and New Venture Performance: The Moderating Role of Intra-and Extraindustry Social Capital", *Academy of Management Journal* 51 (1), 2008.

［238］ Steyrer, J. , Mende, M. , "Transformational Leadership: The Local Market Success of Austrian Branch Bank Managers and Training Applications", Meeting of the International

Congress of Applied Psychology, 1994.

[239] Talat, U., *Organizational Change*, *Risk and Employee Passions* (Switzerland: Springer International Publishing, 2017).

[240] Tang, J., Kacmar, K. M. M., Busenitz, L., "Entrepreneurial Alertness in the Pursuit of New Opportunities", *Journal of Business Venturing* 27 (1), 2012.

[241] Taylor, A. B., Mackinnon, D. P., Tein, J. Y., "Tests of the Three-Path Mediated Effect", *Organizational Research Methods* 11 (2), 2008.

[242] Teece, D. J., Pisano, G., Shuen, A., "Dynamic Capabilities and Strategic Management", *Strategic Management Journal* 18 (7), 1997.

[243] Thomas, H., Carnall, C., "Leadership Development: Integration In Context," *Strategic change* 17 (5 − 6), 2008.

[244] Timmons, J. A., Spinelli, S., *New Venture Creation: Entrepreneurship for the 21st Century* (Boston, US: Irwin/McGraw-Hill, 1999).

[245] Torbert, W. R., "Leading Organizational Transformation", *Research in Organizational Change and Development* 3 (83), 1989.

[246] Tripsas, M., "Customer Preference Discontinuities: A Trigger for Radical Technological Change", *Managerial & Decision Economics* 29 (2 − 3), 2008.

[247] Turner, N., Barling, J., Epitropaki, O., et al., "Transformational Leadership and Moral Reasoning", *Journal of Applied Psychology* 87 (2), 2002.

［248］ Vaghely, I. P. , Julien, P. A. , "Are Opportunities Recognized or Constructed?: An Information Perspective on Entrepreneurial Opportunity Identification", *Journal of Business Venturing* 25 (1), 2010.

［249］ Venkataraman, S. , "The Distinctive Domain of Entrepreneurship Research", *Advances in Entrepreneurship*, *Firm Emergence and Growth* 3 (1), 1997.

［250］ Weick, K. E. , Quinn, R. E. , "Organizational Change and Development", *Annual Review of Psychology* 50 (1), 1999.

［251］ Weiner, N. , Mahoney, T. A. , "A Model of Corporate Performance as a Function of Environmental, Organizational, and Leadership Influences", *Academy of Management Journal* 24 (3), 1981.

［252］ Wiengarten, F. , Lo, C. K. Y. , Lam, J. Y. K. , "How Does Sustainability Leadership Affect Firm Performance? The Choices Associated with Appointing a Chief Officer of Corporate Social Responsibility", *Journal of Business Ethics* 140 (3), 2017.

［253］ Wiersema, M. F. , Bantel, K. A. , "Top Management Team Demography and Corporate Strategic Change", *Academy of Management Journal* 35 (1), 1992.

［254］ Williams, J. , Mackinnon, D. P. , "Resampling and Distribution of the Product Methods for Testing Indirect Effects in Complex Models", *Structural Equation Modeling A Multidisciplinary Journal* 15 (1), 2008.

［255］ Winter, C. , Lockwood, M. , Morrison, M. , "Value Based

Segmentation of Community Stakeholders: Applications for Natural Area Management", *Natural Resource Management* 6 (2), 2003.

[256] Witt, P., Schroeter, A., Merz, C., "Entrepreneurial Resource Acquisition via Personal Networks: An Empirical Study of German Start-ups", *The Service Industries Journal* 28 (7), 2008.

[257] Yukl, G., Gordon, A., Taber, T., "A Hierarchical Taxonomy of Leadership Behavior: Integrating a Half Century of Behavior Research", *Journal of Leadership & Organizational Studies* 9 (1), 2002.

[258] Zahra, S., "The Road not Taken: Narratives of Action and Organizational Change", *Journal of Organizational Change Management* 30 (3), 2017.

[259] Zhang, Y., Rajagopalan, N., "Once an Outsider, always an Outsider? CEO Origin, Strategic Change, and Firm Performance", *Strategic Management Journal* 31 (3), 2010.

[260] Zhineng, Li, *Entrepreneurial Alertness* (Berlin, Heidelberg: Springer Berlin Heidelberg, 2013).

[261] Zott, C., Amit, R., "Business Model Design and the Performance of Entrepreneurial Firms", *Organization Science* 18 (2), 2007.

[262] 常启军、王璐、金虹敏:《内部控制质量、高管异质性与企业绩效》,《财会月刊》2015 年第 12 期。

[263] 陈明哲:《学术创业: 动态竞争理论从无到有的历程》,《中大管理研究》2016 年第 3 期。

［264］陈忠卫、常极：《高管团队异质性、集体创新能力与公司绩效关系的实证研究》，《软科学》2009 年第 9 期。

［265］董保宝、葛宝山、王侃：《资源整合过程、动态能力与竞争优势：机理与路径》，《管理世界》2011 年第 3 期。

［266］方阳春、金惠红：《包容型领导风格对高校科研团队绩效影响的实证研究》，《技术经济》2014 年第 4 期。

［267］冯丽霞、张琪：《人力资本与企业绩效关系的实证分析》，《财会通讯》（学术版）2007 年第 2 期。

［268］葛宝山、高洋、蒋大可等：《机会－资源一体化开发行为研究》，《科研管理》2015 年第 5 期。

［269］胡洪浩、王重鸣：《创业警觉研究前沿探析与未来展望》，《外国经济与管理》2013 年第 12 期。

［270］黄文富：《组织变革的阻力及其转化策略》，《企业改革与管理》2012 年第 1 期。

［271］李海舰、聂辉华：《企业的竞争优势来源及其战略选择》，《中国工业经济》2002 年第 9 期。

［272］李作战：《组织变革理论研究与评述》，《现代管理科学》2007 年第 4 期。

［273］林新奇、裴春玲：《中日企业人力资源绩效管理比较》，《人力资源管理》2010 年第 4 期。

［274］刘俊：《企业战略组合方式选择》，《湖北社会科学》2004 年第 12 期。

［275］卢安文、吴晶莹、陈华：《动态竞争理论的研究现状与方法述评》，《商业时代》2015 年第 21 期。

［276］卢纹岱：《SPSS FOR WINDOWS 统计分析》（第 2 版），电子工业出版社，2005。

［277］ 鲁倩、贾良定：《高管团队人口统计学特征、权力与企业多元化战略》，《科学学与科学技术管理》2009 年第 5 期。

［278］ 罗胜强、姜嬿：《管理学问卷调查研究方法》，重庆大学出版社，2014。

［279］ 马璐：《企业战略性绩效评价系统研究》，博士学位论文，华中科技大学，2004。

［280］ 梅胜军：《转型变革中的组织危机感及其对战略选择的影响机制研究》，博士学位论文，浙江大学，2010。

［281］ 孟范祥、张文杰、杨春河：《西方企业组织变革理论综述》，《北京交通大学学报》（社会科学版）2008 年第 2 期。

［282］ 孟慧：《变革型领导风格的实证研究》，《应用心理学》2004 年第 2 期。

［283］ 苗青：《企业家的警觉性：机会识别的心理图式》，《人类工效学》2008 年第 1 期。

［284］ 孙海法、伍晓奕：《企业高层管理团队研究的进展》，《管理科学学报》2003 年第 4 期。

［285］ 唐杰、林志扬、石冠峰：《价值观匹配对员工应对组织变革的影响研究：多个模型的比较》，《华东经济管理》2012 年第 8 期。

［286］ 陶冉：《跨国石油公司社会责任与财务绩效研究》，博士学位论文，华东师范大学，2012。

［287］ 王道平、陈佳：《高管团队异质性对企业绩效的影响研究》，《现代财经：天津财经大学学报》2004 年第 11 期。

［288］ 王飞绒、陈文兵：《领导风格与企业创新绩效关系的实证研究——基于组织学习的中介作用》，《科学学研究》2012 年第 6 期。

［289］王飞、张小林：《企业高层管理团队国际化的研究》，《技术经济与管理研究》2005 年第 3 期。

［290］王丰、宣国良、范徵：《资源基础观点及其在企业理论中的应用》，《经济理论与经济管理》2002 年第 4 期。

［291］王华、黄之骏：《经营者股权激励，董事会组成与企业价值——基于内生性视角的经验分析》，《管理世界》2006 年第 9 期。

［292］王健辉、李懋、井润田：《不确定性环境下领导者战略选择行为的研究综述》，《现代管理科学》2007 年第 7 期。

［293］王庆喜、宝贡敏：《社会网络、资源获取与小企业成长》，《管理工程学报》2007 年第 4 期。

［294］王重鸣、李凯：《企业组织变革特征，人力资源策略与变革应对行为的实验研究：组织学习的视角》，《应用心理学》2011 年第 2 期。

［295］王重鸣、严进：《团队问题解决的知识结构转换研究》，《心理科学》2001 年第 1 期。

［296］王重鸣、阳浙江：《创业型领导理论研究及发展趋势》，《心理科学》2006 年第 4 期。

［297］魏立群、王智慧：《我国上市公司高管特征与企业绩效的实证研究》，《南开管理评论》2002 年第 4 期。

［298］魏喜武、陈德棉：《创业警觉性与创业机会的匹配研究》，《管理学报》2011 年第 1 期。

［299］魏喜武：《创业警觉性研究前沿探析与相关命题的提出》，《外国经济与管理》2009 年第 5 期。

［300］吴明隆：《结构方程模型：AMOS 的操作与应用》，重庆大学出版社，2009。

[301] 肖洪钧、苗晓燕：《领导风格与团队创新气氛的关系研究》，《软科学》2009 年第 4 期。

[302] 徐凤增、周键：《创业导向、创业警觉性与企业成长关系研究》，《中央财经大学学报》2016 年第 11 期。

[303] 杨建君、刘刃、马婷：《变革型领导风格影响技术创新绩效的实证研究》，《科研管理》2009 年第 2 期。

[304] 姚梅芳、张奥、李秉泽：《机会警觉性和竞争张力对组织变革策略的影响研究》，《技术经济与管理研究》2016 年第 4 期。

[305] 姚振华、孙海法：《高管团队组成特征与行为整合关系研究》，《南开管理评论》2010 年第 1 期。

[306] 尤建新、邵鲁宁：《企业管理概论》，高等教育出版社，2015。

[307] 游士兵：《统计学》，武汉大学出版社，2001。

[308] 臧维、艾静涛：《规模对企业研发投入与绩效关系的影响研究——基于"中国电子信息百强企业"的实证》，《经济论坛》2009 年第 13 期。

[309] 张君立、蔡莉、朱秀梅：《社会网络、资源获取与新创企业绩效关系研究》，《工业技术经济》2008 年第 5 期。

[310] 张秀娥、王勃：《创业警觉性、创造性思维与创业机会识别关系研究》，《社会科学战线》2013 年第 1 期。

[311] 张兆国、陈天骥、余伦：《平衡计分卡：一种革命性的企业经营业绩评价方法》，《中国软科学》2002 年第 5 期。

[312] 赵峥、井润田：《建立高层管理团队的时机分析》，《价值工程》2005 年第 4 期。

图书在版编目（CIP）数据

高管警觉性与企业财务绩效 / 张奥著. -- 北京：
社会科学文献出版社，2022.2
ISBN 978 - 7 - 5201 - 9651 - 2

Ⅰ.①高… Ⅱ.①张… Ⅲ.①企业管理 - 财务管理 -
风险管理 - 研究 Ⅳ.①F275

中国版本图书馆 CIP 数据核字（2022）第 006545 号

高管警觉性与企业财务绩效

著　　者／张　奥

出 版 人／王利民
组稿编辑／高　雁
责任编辑／颜林柯
责任印制／王京美

出　　版／社会科学文献出版社·经济与管理分社（010）59367226
　　　　　　地址：北京市北三环中路甲 29 号院华龙大厦　邮编：100029
　　　　　　网址：www. ssap. com. cn
发　　行／社会科学文献出版社（010）59367028
印　　装／三河市尚艺印装有限公司

规　　格／开　本：787mm × 1092mm　1/16
　　　　　　印　张：12.25　字　数：147 千字
版　　次／2022 年 2 月第 1 版　2022 年 2 月第 1 次印刷
书　　号／ISBN 978 - 7 - 5201 - 9651 - 2
定　　价／138.00 元

读者服务电话：4008918866